# NAH DRAN

Fahrtziel Natur.
22 Menschen.
22 Reisereportagen

Bernd Pieper
mit Fotografien von Paul Meixner

# NAH DRAN

Fahrtziel Natur.
22 Menschen.
22 Reisereportagen

J.P. BACHEM EDITIONEN

Alle Fotografien stammen von Paul Meixner außer:
Seite 12 (Mitte), 14: Henning Werth
Seite 186: Lerch/Ulmer
Seite 189: Lukas Häuser
Seite 264 (Mitte und unten), 267: Hans D. Knapp

**Bibliografische Information der Deutschen Nationalbibliothek**
Die Deutsche Nationalbibliothek verzeichnet diese Publikation in der
Deutschen Nationalbibliografie; detaillierte bibliografische Daten sind
im Internet über http://portal.dnb.de abrufbar.


1. Auflage 2020
© J.P. Bachem Editionen, Köln 2020
Layout: Petra Drumm, Svenja Klein
Lektorat: Christina Schupetta
Kartengrundlage: Geoinformationen © Outdooractive
© OpenStreetMap (ODbL) - Mitwirkende www.openstreetmap.org
Druck: Zertani Die Druckerei GmbH, Bremen
Printed in Germany


ISBN 978-3-7616-3417-2 Buchausgabe
ISBN 978-3-7616-3429-5 EPUB
ISBN 978-3-7616-3428-8 PDF
ISBN 978-3-7616-3430-1 MOBI


Aktuelle Programminformationen finden Sie unter
**www.bachem.de/verlag**

Auch als

erhältlich

Produziert mit 100% Ökostrom

# INHALT

HEIDEKRAUT IN DEN ALLGÄUER HOCHALPEN

## LIEBE LESERINNEN
## UND LESER,

geheimnisvolle Wälder und steile Felsen. Die Weiten des Wattenmeers und die malerische Schönheit der Flusstäler – einzigartige Naturerlebnisse im Urlaub sind auch ohne Pkw und Flugzeug möglich. Wer mit öffentlichen Verkehrsmitteln reist, der schont das Klima, die Umwelt und in der Regel auch die Nerven – und hilft dabei, unser einzigartiges Naturerbe zu erhalten und die Biodiversität zu schützen. Was vielen von uns heute als selbstverständlich erscheinen mag, war 2001, zum Start der Kooperation Fahrtziel Natur, noch eine Vision. Doch die Idee der großen Umweltverbände und der Deutschen Bahn, gemeinsam nachhaltige Mobilität in deutschen Großschutzgebieten zu fördern und so einen spürbaren Beitrag zum Klimaschutz zu leisten, hat seither reiche Früchte getragen.

Die 21 Fahrtziel Natur-Gebiete in Deutschland sind Hotspots biologischer Vielfalt, die bei uns und weltweit immer weiter verschwindet. Hier sind seltene Tierarten ebenso zu Hause wie bedrohte Pflanzen, einige Gebiete – wie fünf alte Buchenwälder und das Wattenmeer – gehören sogar zum UNESCO-Weltnaturerbe. In der Kooperation Fahrtziel Natur sorgen die drei Umweltverbände BUND, NABU und VCD gemeinsam mit der Deutschen Bahn dafür, dass immer mehr Menschen diese Naturparadiese kennen- und lieben lernen, auf eine klima- und umweltschonende Weise. Im Fernverkehr der Deutschen Bahn sogar mit 100 Prozent Ökostrom.

Fahrtziel Natur – das sind herausragende Schutzgebiete zwischen der Nordsee und den Alpen. Das sind nicht zuletzt aber auch die Menschen, die sich auf ihre ganz spezifische Art vor Ort dafür einsetzen, vielfältige Lebensräume zu bewahren. Wie etwa der Fotograf, der die oft verborgenen Geheimnisse des Frankenwaldes mit seiner Kamera festhält. Oder die ehemalige Krankenschwester, die heute im Biosphärenreservat Bliesgau erfolgreich ein veganes Bistro mit regionalen Lebensmitteln führt.

NATIONALPARK BAYERISCHER WALD

Diese Menschen möchten wir Ihnen in dem vorliegenden Buch gerne vorstellen. Einen spät berufenen Astronomen, der uns in den Himmel über dem Nationalpark Eifel blicken lässt. Eine Hotelbetreiberin im Müritz-Nationalpark, die sich der Natur und der Kunst verschrieben hat. Oder einen Pater im Naturpark Ammergauer Alpen, der aus heimischen Kräutern leckere Schnäpse brennt. Diese Menschen sind so individuell wie die Fahrtziel Natur-Gebiete selbst, doch sie haben auch vieles gemeinsam: Sie identifizieren sich mit ihrer Heimat. Sie tragen aktiv zum Klima- und Naturschutz bei. Und sie geben mit ihrem nachhaltigen Engagement ein Beispiel für uns alle, sich für die Erhaltung unserer kostbaren Naturschätze einzusetzen.

Übrigens: „Fahrtziel Natur – Nah dran" wurde als offizieller Beitrag zur UN-Dekade Biologische Vielfalt ausgezeichnet. Über diese Anerkennung für unsere Arbeit freuen wir uns und sehen sie gleichzeitig als Ansporn, in unserem gemeinsamen Engagement für Klimaschutz und Biodiversität nicht nachzulassen.

Jörg-Andreas Krüger, NABU-Präsident

Kerstin Haarmann, VCD-Bundesvorsitzende

Olaf Bandt, BUND-Vorsitzender

Berthold Huber, Vorstand Personenverkehr, Deutsche Bahn AG

# 1 Große Vögel

Henning Werth und das
Naturschutzgebiet Allgäuer Hochalpen

Plötzlich geht ein Raunen durch die Gruppe, deren Blicke angestrengt den Himmel absuchen. Kein Zweifel – zwei Steinadler sind es, die dort vor dem knapp 1.950 Meter hohen Gipfel des Giebels in den Allgäuer Hochalpen kreisen. Henning Werth vom Landesbund für Vogelschutz (LBV), der das Schutzgebiet betreut, nimmt die freudige Erregung gelassen: „Der Steinadler ist der Popstar unter den Tieren, die hier bei uns leben." Als zweitgrößter derzeit in Deutschland brütender Greifvogel, mit einer Spannweite von bis zu 2,30 Meter ist er eine beeindruckende Erscheinung.

### Der Steinadler – eine Erfolgsgeschichte

Henning Werth hat eine besondere Beziehung zum Steinadler, überhaupt zu Greif- und auch Watvögeln. Im Allgäu aufgewachsen, fiel ihm bereits in jungen Jahren „Pareys Vogelbuch" in die Hände – ein Klassiker. Die Liebe war entfacht und, als Werth 1990 beim Wettbewerb „Jugend forscht" mit einer Arbeit über den Flussuferläufer bayerischer Landessieger im Fachbereich Biologie wurde, war seine Laufbahn klar. Nach dem Biologiestudium beobachtete er als Zivildienstleistender Flussuferläufer und Steinadler für den LBV und wurde 1998 im Rahmen des Artenhilfsprogramms Steinadler vom LBV angestellt.

> *„Der Steinadler ist der Popstar unter den Tieren, die hier bei uns leben."*

Dieses zielt darauf ab, durch Informationen und Kontrollmaßnahmen Störungen durch den Menschen während der Brutzeit – etwa durch Kletterer, Gleitschirmflieger oder Hubschrauber – zu reduzieren oder ganz zu vermeiden. „Vor allem die Anweisung aus dem bayerischen Umweltministerium, bei Hubschrauberflügen einen Mindestabstand von einem Kilometer zu den Horsten zu halten, hat uns hier sehr geholfen", erzählt Werth. Dank des Artenhilfsprogramms leben heute in den bayerischen Alpen rund 50 Brutpaare.

FLORA UND FAUNA DER ALLGÄUER HOCHALPEN

### Lebensbedrohlich

Sorgen allerdings bereitet Henning Werth und vielen anderen Natur-
schützern die nach wie vor in Bayern – mit Ausnahme der Jagd
auf Wasservögel – erlaubte Verwendung von bleihaltiger Munition.
Dieser hochgiftige Stoff gerät in die Nahrungskette, kann sich bei
Greifvögeln anreichern und zu einem leidvollen Tod führen. „Es ist
beinahe zynisch", sagt Werth, „aber jeder tote Steinadler erhöht den
Druck für ein EU-weites Verbot bleihaltiger Munition."

Trotz aller Probleme befindet sich der „Popstar" der Allgäuer
Hochalpen im Aufwind. Davon können sich Naturfreunde jeden
Samstag zwischen Mai und September auf einer geführten LBV-Ex-
kursion überzeugen. Diese startet an der Giebelhütte – einer
ehemaligen Forstdiensthütte – und führt zu einem der besten
Steinadlerbeobachtungsplätze im Alpenraum. „Hier können wir mit
hoher Wahrscheinlichkeit Adler beobachten, ohne sie zu stören", sagt
Henning Werth. Steinadler seien zudem der ideale Anlass, um mit
den Besuchern der Region auch über andere Themen ins Gespräch
zu kommen – „über die Ökologie der Alpen, die Bedrohung der
Lebensräume oder den Einfluss des Klimawandels".

LINKS: STEINADLER
RECHTS: HENNING WERTH IST BEGEISTERT VON DER NATUR IN DEN ALLGÄUER HOCHALPEN.

## Gebietsbetreuung

2003 wurde das vom bayerischen Naturschutzfonds finanzierte Projekt Gebietsbetreuung ins Leben gerufen – für Werth eine Chance, sein Tätigkeitsfeld vom Hilfsprogramm zu erweitern. Die Mitarbeitenden dieses aus dem Sozialfonds der EU kofinanzierten Projekts trugen damals Jacken mit dem EU-Logo, erinnert sich Werth: „Das hat uns bei einigen Touristen und auch Einheimischen ziemlichen Respekt verschafft." Heute ist Werth Sprecher der mittlerweile rund 60 Gebietsbetreuer und setzt sich bei Politikern, Verbänden und Wirtschaft für die ausreichende finanzielle Ausstattung der Gebietsbetreuung ein, die 2017 als offizielles Projekt der UN-Dekade Biologische Vielfalt ausgezeichnet wurde.

Lobbyarbeit ist zweifellos wichtig, aber im Gespräch über die herausragende Naturausstattung und Artenvielfalt in den Allgäuer Hochalpen erkennt man schnell die Prioritäten von Henning Werth. Etwa wenn er von den Murmeltieren erzählt, den „Popstars Nummer 2" in seinem Gebiet: „Die bekommen wir auf bestimmten Wanderungen mit ziemlicher Sicherheit zu sehen." Oder den Steinböcken, den beinahe ausgestorbenen „Königen der Alpen", die in der schwer zugänglichen Felsenregion zwischen Geißhorn und Angerkopf einen Lebensraum gefunden haben.

Die urwüchsige Berglandschaft der Allgäuer Hochalpen gehört
mit einer Fläche von mehr als 21.000 Hektar zu den größten
Schutzgebieten Deutschlands. Gams und Alpensteinbock haben
hier ebenso einen Rückzugsort gefunden wie der Raufußkauz
und das Steinhuhn, das in Deutschland nur hier anzutreffen ist.
Im Frühjahr zur Schneeschmelze zeigt die Natur ihre ganze Kraft,
wenn gewaltige Wassermassen zu Tal stürzen. Im Frühsommer
flattern zwischen Trollblume, Gold-Pippau und Alpen-Enzian
auf bunten Bergwiesen seltene Schmetterlingsarten wie der
Hochmoorgelbling und der Goldscheckenfalter.

allgaeuer-hochalpen.de

ERSTER BODENFROST IM SEPTEMBER

### Eine Frage der Zeit

Seit einigen Jahren ist ein weiterer Vogel in die Aufmerksamkeit von Henning Werth gerückt: der Bartgeier, mit einer Flügelspannweite von rund 2,90 Meter einer der größten Vögel Europas. Die gewaltigen Tiere mit den namensgebenden schwarzen Gesichtsfedern wurden vor mehr als Hundert Jahren in Deutschland ausgerottet. Als „Lämmergeier" verschrien, glaubten die Bewohner der deutschsprachigen Alpen, der Bartgeier würde junge Schafe reißen. „Grober Unfug", betont Werth, „Bartgeier sind reine Aasfresser."

> *„Die ganze Schönheit der Allgäuer Hochalpen erschließt sich Besuchern, wenn sie unsere Adlerhütte in Bad Hindelang besichtigen."*

Seit 1986 werden einzelne Tiere in den Alpen wieder ausgewildert und sind in Österreich mittlerweile heimisch geworden. „Wir gehen heute von rund 200 Exemplaren im Alpenraum aus." Für Werth, der im Dezember 2018 im Tiroler Lechtal, nahe der deutschen Grenze, einen Bartgeierhorst entdeckt hat, ist es nur eine Frage der Zeit, bis es auch hier zur ersten erfolgreichen Brut kommt. Ob die Vögel in Deutschland eine Zukunft haben, sei allerdings ungewiss. Immer noch werden Bartgeier illegal geschossen. Zudem reagieren sie besonders empfindlich auf Blei in ihrer Nahrung, da sie als Knochenverwerter eine extrem starke Magensäure haben.

Alle Meldungen über gesichtete Bartgeier in den Allgäuer Hochalpen laufen bei Henning Werth zusammen. Dabei komme ihm sein ausgezeichnetes Netzwerk zugute, sagt der hochgewachsene 48-Jährige: „Ich bin vermutlich die Person mit den meisten Bartgeiersichtungen in Deutschland."

Hat Henning Werth noch einen Tipp für eilige Besucher? „Die ganze Schönheit der Allgäuer Hochalpen erschließt sich Besuchern, wenn sie mit dem Bus ins Hintersteiner Tal zum Giebelhaus fahren und dort unsere Adlerhütte besichtigen. Anschließend sollten sie ins Obertal durch einen fantastischen Bergwald laufen, bevor sie im Engeratsgund von den Pfiffen der Murmeltiere begrüßt werden. Zum Abschluss sollten sie sich auf der bewirtschafteten Alpe Laufbichl mit leckeren regionalen Spezialitäten verwöhnen lassen." Machen wir!

GRÜNES IDYLL IN DEN ALLGÄUER HOCHALPEN

Hamburg
7:30 h

Berlin
6:25 h

Köln
5:05 h

München
2:00 h

Sonthofen

Bad Hindelang
15 Min.

### ANREISE

Die Allgäuer Hochalpen erreicht man bequem über die Fernverkehrsbahnhöfe Augsburg oder Ulm, ab dort bestehen gute Nahverkehrsverbindungen weiter ins Allgäu. Täglich verkehrt je ein IC zwischen Hamburg bzw. Köln und Oberstdorf über Sonthofen. Bei der Anreise aus Bayern empfiehlt sich für Familien und kleine Gruppen das Bayern-Ticket.

PREISELBEEREN

### MOBIL VOR ORT

Alle Übernachtungsgäste genießen in Bad Hindelang mit der Allgäu-Walser-Card freie Fahrt in den Bussen vor Ort. Zusätzlich gibt es in 220 Unterkünften direkt bei Ankunft die Gästekarte Bad Hindelang PLUS. Diese beinhaltet Leistungen im Freizeitangebot, wie den einmaligen freien Eintritt in mehrere Erlebnisbäder, und erlaubt freie Fahrt mit den lokalen Bussen und Bergbahnen.

### Weitere Infos

Weitere Informationen zu den Fahrtziel Natur-Gebieten unter

*fahrtziel-natur.de*

BLICK AUF DEN SEEALPSEE

**Frater Vitalis und
der Naturpark Ammergauer Alpen**

FRATER VITALIS: HERRSCHER ÜBER DIE KLOSTEREIGENE DESTILLERIE

Die Klosteranlage Ettal in der Naturparkregion Ammergauer Alpen ist mit ihrer mächtigen Basilika ein echter Hingucker und neben den Oberammergauer Passionsspielen sicher die bekannteste Attraktion. Jedes Jahr besuchen rund eine halbe Million Menschen die 1330 von Kaiser Ludwig dem Bayern gegründete Benediktinerabtei, bewundern die malerische Lage vor dem beliebten Bergwandererziel „Ettaler Manndl" und die Schönheit der Rokoko-Sakristei.

Doch immer mehr Gäste kommen auch wegen ganz anderer Highlights: wegen der Ettaler Klosterbiere, die seit mehr als 400 Jahren gebraut werden, und auch wegen der Ettaler Klosterliköre. Für letztere ist Frater Vitalis verantwortlich – der Herrscher über die klostereigene Destillerie und über einen ganz besonderen Schatz, nämlich einen Vorrat von mehr als 600 Gewürzen, Pflanzen und Samen.

### Heilen und genießen

Eine jahrelange Ausblindung zum Heilpraktiker beendete Frater Vitalis zwar ohne Abschluss, aber von der Apothekerkammer hat er die Erlaubnis, eine Kräuterapotheke oder einen Naturheilwarenladen zu führen. Zusätzlich absolvierte er in Berlin eine Ausbildung zum Brenner und Destillateur. Die beiden Bereiche passen besser zusammen, als manch einer denken mag. „Das Brennen diente zunächst therapeutischen Zwecken, mit dem Alkohol wurden die wertvollen Wirkstoffe aus den Kräutern gelöst", erklärt Frater Vitalis zwischen zwei Prisen Schnupftabak.

Ein entscheidender Faktor für die Qualität des „Ammergauer Heulikörs" ist das Bergwiesenheu der Ammergauer Alpen, das in der sogenannten Wiesmahd noch traditionell von Hand gemäht wird. „Früher haben die Bauern aus Unterammergau das Heu an die Kurkliniken verkauft", erzählt der Destillateur. Schließlich kam ihm die Idee, einen Schnaps daraus zu machen, denn „die Vielfalt der Kräuter im Heu ist der Wahnsinn".

*„Das vierfach destillierte Resultat schmeckt angenehm weich, neben Wacholder erkennt man unter anderem Lavendel, Orange und Vanille."*

### Geheime Rezepte

Doch mit dem kleingeschnittenen Heu, das ihm die Bauern anfangs brachten, konnte er nicht viel anfangen: „Es war unendlich mühsam, die benötigten Bestandteile der Pflanzen zu erkennen und auszusortieren." Seither bekommt er ungeschnittene Kräuter, die zunächst pulverisiert werden. Anschließend kommt das Pulver in einen Perkolator, in dem mit einem Gemisch aus Alkohol und Wasser die wertvollen Inhaltsstoffe aus den Kräutern gezogen werden. Der Rest ist das Geheimnis von Frater Vitalis.

Ebenfalls nicht vollständig verraten werden die Rezepte der Ettaler Klosterliköre. Frater Vitalis gibt lediglich ein paar Hinweise: Der grüne Klosterlikör werde nur mit frischen Kräutern aus dem Klostergarten angesetzt, der safrangelbe bekomme sein süßes Aroma durch den Honig aus der klostereigenen Imkerei und in den „Klosterlikör Heidelbeer" kämen nur heimische Bergheidelbeeren.

WACHOLDER (U.), SAFRAN (M.)
UND DAS LECKERE ERGEBNIS (O.)

## 1596

Neben den Likören hat der Kräuterexperte noch weitere Getränke erschaffen, darunter den „Ettaler Kloster-Bitter" und den „Ettaler Hopfen-Zupfer". 2017 machte er etwas für ihn eher Ungewöhnliches – er sprang auf einen Trend auf und kreierte einen „Heimat-Gin" mit dem Namen „1596". In jenem Jahr wurde nämlich der erste Destillationskessel für das Kloster erworben.

Allerdings hatte Frater Vitalis keine Ahnung, wie Gin schmeckt beziehungsweise riecht – er mag und trinkt selbst keinen Schnaps. Deshalb besorgte er sich fünf verschiedene Flaschen Gin, roch intensiv daran und schuf in nur einer Nacht sein eigenes Gin-Rezept aus 33 Pflanzenextrakten. Das vierfach destillierte Resultat schmeckt angenehm weich, neben Wacholder erkennt man unter anderem Lavendel, Orange und Vanille.

Der Benediktiner ist ein unerschöpflicher Quell spannender Geschichten rund um das Kloster Ettal. So wurde auf Ettaler Gebiet nie eine Frau als Hexe verbrannt – eine Seltenheit angesichts des Eifers, mit dem die katholische Kirche die „weisen Frauen" über Jahrhunderte verfolgt hatte. „Dabei haben diese sogenannten Hexen nur angewandt, was sie zuvor von Mönchen gelernt hatten", stellt Frater Vitalis fest.

Der Naturpark Ammergauer Alpen gehört zum Ammergebirge, dem mit 227 Quadratkilometern größten zusammenhängenden Naturschutzgebiet in Bayern. Die Vielfalt an einzigartigen Lebensräumen ist enorm – von den von Hand gemähten Wiesmahdflächen über die beeindruckende Ammerschlucht bis hin zu den rund 10.000 Jahre alten Moorgebieten. Im Ettaler Weidmoos sowie in den Moorgebieten rund um den Soier See wachsen mehr als ein Dutzend Orchideenarten, hier ist der Lebensraum von gefährdeten Wiesenbrütern wie Bekassine und Braunkehlchen. Auch die Zahl an hochkarätigen Kulturschätzen ist mit dem Kloster Ettal, Schloss Linderhof und dem UNESCO-Weltkulturerbe Wieskirche herausragend.

### Kampf um die Bienen

Neben seiner Leidenschaft für Klosterliköre kümmert sich Frater Vitalis auch um die klostereigenen Bienenvölker. Er kann dabei auf einen großen Erfahrungsschatz zurückblicken, schließlich besaß er selbst bereits im Alter von 13 Jahren 17 Bienenvölker. Doch seit Jahrzehnten bereiten ihm seine Schützlinge große Sorgen: Viele seiner Bienenvölker überleben die Wintermonate nicht. Dabei spielen Insektizide im Lebensraum der Bienen rund um das Kloster keine Rolle, denn auf den klösterlichen Wiesen wird nicht gespritzt.

Hauptschuldig ist vielmehr die Varroa-Milbe. Sie befällt die Bienen, vor allem die Drohnen, schwächt sie und infiziert sie zusätzlich mit Viren. „Die bekommst du nicht mehr raus", sagt Frater Vitalis. Dabei hat er schon alles versucht, ätherische Öle und Ameisensäure genauso wie eine „Bienensauna", in der ein Volk für vier Stunden auf 40 Grad erhitzt wird. „Kein Problem für die Bienen, aber die Milben zerkochen." Doch wenn ein Verfahren in einem Jahr funktioniere, könne es im nächsten schon wieder ganz anders aussehen.

Zeitweilig erschien der Kampf um die Bienenvölker des Klosters aussichtslos. „Irgendwann kam ein Mitbruder zu mir und meinte, ‚Vitalis, hör auf!'" Doch der Abt von Kloster Ettal legte sein Veto ein: „Wir können nicht aufhören." Seither bekommt Frater Vitalis jede Unterstützung, die er benötigt.

SONNENAUFGANG ÜBER DEN AMMERGAUER ALPEN

WANDERWEG DURCH DIE ALMWEIDEN

## Überall schön

„Hier ist es überall schön", erwidert Frater Vitalis auf die Frage nach einem besonderen Tipp. Doch dann nennt er noch einige Favoriten, zum Beispiel den 87 Kilometer langen Meditationsweg mit 15 Stationen zum Innehalten, der mit der Wieskirche in Steingaden und Schloss Linderhof im Graswangtal kulturelle Highlights des Naturparks Ammergauer Alpen streift. Oder der kurze Enzianweg, der am Kloster Ettal startet und auf dem zwischen 1922 und 1923 der Komponist Sergej Prokofjew gerne unterwegs war.

### „Rund 13 Kilometer lang ist der Rundweg um das Kloster Ettal, mit Start und Ziel in Oberammergau."

Rund 13 Kilometer lang ist der Rundweg um das Kloster Ettal, mit Start und Ziel in Oberammergau. Über die Bärenhöhle und den Vogelherdweg geht es auf den Höhenweg über Ettal, der immer wieder neue Blicke auf das Kloster ermöglicht. Ein kurzer Abstecher dorthin lohnt immer, nicht zuletzt wegen der Kreationen von Frater Vitalis. Anschließend geht es über das Naturschutzgebiet Weidmoos und die Ettaler Mühle am Ammerdamm und an der Ammer entlang zurück nach Oberammergau.

Hamburg
6:50 h

Berlin
5:20 h

Köln
5:30 h

München
0:55 h

Ettal
40 min.

Murnau

### ANREISE

Mit dem ICE oder IC kommt man aus allen größeren deutschen Städten nach München. Von dort geht es mit der Regionalbahn weiter über Murnau in den Naturpark Ammergauer Alpen.

KLEINE KAPELLE AM WEGRAND

### MOBIL VOR ORT

Alle Übernachtungsgäste im Naturpark Ammergauer Alpen können mit ihrer elektronischen Gästekarte die öffentlichen Buslinien der Region und die Züge der DB Regio während ihres Aufenthaltes kostenlos nutzen. In manchen Unterkünften erhalten Gäste die KönigsCard – eine All-inclusive-Karte, die kostenlosen Zug- und Busverkehr ermöglicht und mit der mehr als 250 Freizeitangebote in der Naturparkregion, im Allgäu, im Blauen Land und in Reutte/Tirol kostenlos genutzt werden können.

### Weitere Infos

Weitere Informationen zu den Fahrtziel Natur-Gebieten unter

*fahrtziel-natur.de*

# 3 Im Land der Almen

Hans Maltan und
der Nationalpark Berchtesgaden

Hans Maltan leitet das „Haus der Berge", das Informationszentrum für den Nationalpark Berchtesgaden. Und er ist passionierter Almforscher – was das heißt? Zumal in einer Region, in der Almen – also die Weideflächen der Bergbauern – für die meisten als selbstverständlicher Bestandteil einer intakten Bergwelt erscheinen?

In der Tat gibt es im Berchtesgadener Land mehr aktiv bewirtschaftete und landwirtschaftlich genutzte Almen als im restlichen Bayern. Während der rund Hundert Tage des Almsommers sind viele der Almhütten, die sogenannten „Kaser", geöffnet und beliebte Ausflugsziele. Zu den bekanntesten gehören sicher die Fischunkelalm am südöstlichen Ufer des Obersees oder die Kührointhütte, die einen spektakulären Blick auf den Watzmanngrat ermöglicht.

Doch Hans Maltan interessiert sich auch – und vor allem – für jene Almen, deren einstige Existenz zwar bekannt ist, die aber längst nicht mehr bewirtschaftet werden und seit Langem der natürlichen Dynamik ausgesetzt sind – wie etwa die Landtal-Alm, die Mitterhütten-Alm oder die Bärensunk-Alm. Woher rührt seine Leidenschaft?

> *„Die Almwirtschaft im Berchtesgadener Land*
> *ist über Tausend Jahre alt."*

### Im Nebenberuf Bergbauer

Zum einen aus seiner eigenen Biografie. Hans Maltan arbeitet zwar seit dem 1. August 1988, dem zehnjährigen Jubiläum des Nationalparks, für die Nationalparkverwaltung. Im Nebenerwerb ist er aber selbst Bergbauer, der seine Pinzgauer Rinder – „Mutterkühe einer alten heimischen Rasse" – im Sommerhalbjahr zu anderen Landwirten auf deren Almen schickt. „Die Almwirtschaft im Berchtesgadener Land ist über Tausend Jahre alt", verweist er auf einen weiteren Aspekt, auf das historische Erbe, „auf dessen Fundament vieles von dem beruht, was wir heute im Nationalpark sehen."

Auch deshalb haben Hans Maltan und sein Team vor Jahren damit begonnen, die „vergessenen" Almflächen mit den dazugehörigen Kasern zu erfassen und – wenn möglich – auch deren Geschichte zu rekonstruieren. Ein wichtiges Instrument dabei ist eine alte Karte aus dem 19. Jahrhundert, eine sogenannte „Urpositionskarte", mit deren Hilfe sich nicht nur so manche verfallene Kaser, sondern auch einst

genutzte Wege und Pfade rekonstruieren lassen. Etwas komplizierter gestaltet sich die Recherche nach der Frage, wer wann welche Alm bewirtschaftet hat. „Das wird sich länger hinziehen, die Akten dazu liegen in den Forstämtern", erklärt Maltan.

Eines allerdings kann der passionierte Almforscher heute mit Bestimmtheit sagen: „Der Höhepunkt der Berchtesgadener Almwirtschaft lag um das Jahr 1830. Damals weideten auf den Almen in der Region mehr als 3.000 Rinder." Der darauf folgende lange Abschwung wurde 1970 mit der Einführung einer staatlichen Förderung gestoppt, „seither ist die Almwirtschaft bei uns einigermaßen stabil".

### Romantik und Wissenschaft

„Die Almen im Berchtesgadener Land und ihre Geschichte stoßen zunehmend auf das Interesse von Touristen und auch Einheimischen", erzählt Hans Maltan. „Das hat bei unseren Gästen vor allem romantische Gründe. Blühende Almen mit grasenden Kühen gehören einfach zum Bild, das Besucher von den Alpen haben."

Darüber hinaus gibt es viele Anfragen von Wissenschaftlern, die sich zum Beispiel über Aspekte der Landschaftspflege oder die Veränderung der Vegetation informieren wollen.

Solche speziellen Führungen, für Unigruppen oder Alpenvereine, sind die Aufgabe von Hans Maltan, wie auch jene, bei denen Englisch gesprochen wird. Bevor er für die Nationalparkverwaltung tätig wurde, hatte er für die US-Streitkräfte im Berchtesgadener Land gearbeitet – „im Freizeitsektor, vom Sport bis zur Kinderbetreuung".

### Aufklärung

Die Antwort auf die Frage nach der besonderen Attraktivität seiner Heimat kommt wie aus der Pistole geschossen: „Eine Wahnsinnsdestination", nennt Hans Maltan den Nationalpark: „Wenn wir aus dem Fenster schauen und sehen, wie die Sonne langsam über den Berg zieht – eine tolle Sache." Doch er kennt auch die Schattenseiten des „Overtourism", wie er es nennt: „Wir erleben immer wieder Besucher, die sich nicht an die Regeln eines Schutzgebiets halten." Deshalb bemühen sich Maltan und sein Team im „Haus der Berge" intensiv um Aufklärung – „aber nicht mit erhobenem Zeigefinger. Wir wollen ja, dass die Menschen zu uns kommen."

Hans Maltan ist Spezialist für besondere Führungen.

BERGEIDECHSE BEIM SONNENBADEN

So beliebt die Bergwelt im Nationalpark mittlerweile ist, so finden sich dennoch nahezu unberührte Inseln. Dazu gehört das Hagengebirge hoch über dem Königssee, das sich am besten bei einer Führung entdecken lässt. Die Anstrengung wird belohnt durch eine einmalige Natur und die hohe Wahrscheinlichkeit, Steinböcke und Gämsen zu beobachten. Seine Abgeschiedenheit verdankt dieses Gebirgsmassiv seiner langjährigen Funktion als Jagdgebiet der Adligen und Reichen, die keine störenden Bergsteiger oder Wanderer duldeten. Doch auch hier gibt es – wenige – bewirtschaftete Almen, auf denen sich Wanderer nach einer Tour stärken können, etwa die Gotzenalm am westlichen Rand des Hagengebirges.

### Ins Wimbachtal

Für eher eilige Besucher hat Hans Maltan einen Tipp, nämlich eine Wanderung ins Wimbachtal mit seinem gewaltigen, ständig im Wandel begriffenen Schuttstrom. „Der geologische Lehrpfad ist besonders interessant. Hier war einst ein nacheiszeitlicher See und man erfährt viel über Gesteinsarten und -schichten." Doch auch Botaniker kämen im Wimbachtal angesichts zahlreicher hochalpiner Arten auf ihre Kosten, so der drahtige 61-Jährige. „Hier wachsen Pflanzen, deren Samen aus dem Hochgebirge heruntergeschwemmt wurden, wie die Silberwurz und der Frühlings-Enzian."

Im einzigen alpinen Nationalpark Deutschlands eröffnen sich Urlaubern unendliche Möglichkeiten – von ausgedehnten und stillen Wanderungen bis hin zu anspruchsvollen Klettertouren. Die Tierwelt ist mit Apollofalter, Murmeltier und Steinbock ebenso vielfältig wie die Flora mit Edelweiß, Alpen-Enzian und Zirbelkiefer. Im Nationalparkzentrum „Haus der Berge" erleben Besucher der Dauerausstellung „Vertikale Wildnis" bei einer stetig ansteigenden Wanderung die gesamte Bandbreite des Lebens im Nationalpark Berchtesgaden. Zusätzlich warten interaktive Informationen rund um den Nationalpark, ein Kino mit Filmen zu den Berchtesgadener Alpen, wechselnde Ausstellungen sowie eine Bibliothek auf interessierte Gäste.

nationalpark-berchtesgaden.bayern.de

Durch staatliche Förderung bleibt die Almwirtschaft in der Region stabil.

Keinesfalls verpassen, sollte man den kurzen Gang durch die wildromantische Wimbachklamm, auch wenn dafür Eintritt gezahlt werden muss. Hier kommt das sonst unterirdisch fließende Wasser kurz an die Oberfläche, um anschließend wieder in die Tiefe zu stürzen. In die steilen Felsen sind sichere Brücken und Stege gehauen, aber die Macht des Wassers ist jederzeit spürbar. So viele Eindrücke machen hungrig und da ist es gut, dass es mit dem Wimbachschloss und der Wimbachgrieshütte zwei Einkehrmöglichkeiten gibt.

*„Hier wachsen Pflanzen, deren Samen aus dem Hochgebirge heruntergeschwemmt wurden, wie die Silberwurz und der Frühlings-Enzian."*

Gipfelkreuz im Sonnenuntergang

Hamburg
8:30 h

Berlin
7:25 h

Köln
7:35 h

München
2:35 h

Berchtesgaden

### ANREISE

Mit der Bahn ist der Nationalpark Berchtesgaden über die Bahnhöfe Freilassing und Berchtesgaden erreichbar. Von dort geht es mit verschiedenen Buslinien weiter zu den Attraktionen des Nationalparks.

DER KÖNIGSSEE

### MOBIL VOR ORT

Übernachtungsgäste in den Orten Berchtesgaden, Bischofswiesen, Marktschellenberg, Ramsau und Schönau am Königssee können mit ihrer Kurkarte in den Bussen der Region beliebig viele Fahrten während ihres Urlaubs kostenfrei nutzen.

### Weitere Infos

Weitere Informationen zu den Fahrtziel Natur-Gebieten unter *fahrtziel-natur.de*

WANDERWEGE FÜHREN OFT MITTEN DURCH WEIDEFLÄCHEN – HIER GELTEN BESONDERE VERHALTENSREGELN FÜR BESUCHER.

# 4 Grenzenlos und barrierefrei

Svenja Fox im
Nationalpark Schwarzwald

SVENJA FOX TRÄGT DAS MOTTO DES NATIONALPARKS AUF IHREM T-SHIRT.

Das Motto des Nationalparks Schwarzwald „Natur kennt keine Grenzen" ist durchaus doppeldeutig zu verstehen: Neben der in der Tat grenzenlosen Natur sind damit auch Angebote für Menschen mit Einschränkungen gemeint – wie die dreistündige Tour „Viel mehr als mit den Augen sehen", die für Sehbehinderte und Blinde ausgerichtet ist.

> **„Nahezu jeden Tag verändert sich etwas. Wasser bahnt sich einen neuen Weg, ein Baum fällt und verrottet langsam, jede Jahreszeit bringt ganz andere Farben mit sich."**

Ein Highlight des Programms ist sicher die zweitägige „Wildnisübernachtung", bei der Menschen mit und ohne Behinderung den Nationalpark erkunden und nachts unter dem Sternenhimmel schlafen. Vorab kommen oft viele Fragen auf: Was packe ich in den Rucksack? Wie machen wir mitten im Wald ein Lagerfeuer? Und was passiert, wenn ein Gewitter aufzieht? „Im Wald werden dann die ganz grundsätzlichen Themen diskutiert", erzählt Svenja Fox, „welche Entscheidungen treffe ich, was ist mir in meinem Leben wichtig."

## Jeder soll alles erleben

Barrierefreiheit ist ein wichtiges Thema für den Nationalpark Schwarzwald. Neben guten Ideen braucht es dafür auch Menschen wie Svenja Fox, die entsprechende Angebote umsetzen können. Sie kennt nicht nur die Tiere, Pflanzen und Lebensräume im Nationalpark, sondern sie beherrscht auch die Deutsche Gebärdensprache (DGS). Deshalb gibt es seit 2016 ein speziell auf die Bedürfnisse von tauben Besucherinnen und Besuchern barrierefrei zugängliches Angebot in Gebärdensprache. Für die „Wildnisübernachtung" wurden der Nationalpark Schwarzwald und Svenja Fox 2019 als offizielles Projekt der UN-Dekade Biologische Vielfalt ausgezeichnet.

„Barrierefrei heißt für mich, jeder soll alles erleben können", sagt die 34-Jährige. In Berlin, Frankreich und Schottland studierte sie Umweltpolitik und Umweltmanagement, anschließend arbeitete sie in Berlin am Forschungszentrum für Umweltpolitik und für den WWF Deutschland. Nach ihrem Studium war sie zudem für mehrere Monate im Himalaja und im Kaukasus, um sich näher mit biologischer Vielfalt und Naturschutz in Bergregionen zu befassen. Seit 2015 arbeitet Svenja Fox im Bereich Natur- und Wildnisbildung des Nationalparks Schwarzwald.

## Winken statt rufen

Prinzipiell sind fast alle Angebote des Nationalparks für Menschen mit Einschränkungen offen. „Jeder, der eine Veranstaltung besuchen möchte, kann sich bei uns anmelden. Dann schauen wir, wie wir eine Teilnahme ermöglichen können." Das ist nicht immer einfach, oft liegen die Schwierigkeiten im Detail. Etwa beim Thema Toiletten oder der Tatsache, dass querschnittsgelähmte Menschen nicht einfach auf dem Waldboden übernachten können. „Dann müssen wir beispielsweise Feldbetten organisieren", sagt die Wildnispädagogin.

SVENJA FOX LIEBT DEN TÄGLICHEN WANDEL IM NATIONALPARK.

Die Gebärdensprache ist eines der wichtigsten Instrumente bei Veranstaltungen mit Gehörlosen, es gibt aber noch weitere Dinge zu beachten. „Wenn wir uns im Wald verteilen, kann ich die Gruppe nicht einfach zusammenrufen, sondern muss winken. Deshalb ist der Radius bei Gruppen mit Gehörlosen deutlich kleiner." Und natürlich wird mehr auf visuelle oder haptische Sinneswahrnehmungen gesetzt: „Eine konventionelle Übung im Wald ist die sogenannte Geräuschelandkarte, bei der für jedes wahrgenommene Geräusch ein Symbol gezeichnet wird. Mit Gehörlosen zeichnen wir dann eben eine Landkarte der visuellen Eindrücke."

## Einfach schön

Was liebt Svenja Fox an ihrem Job? Vor allem, dass sie mit anderen Menschen viel draußen unterwegs ist. „Die gemeinsam erlebten Sinneseindrücke sind etwas ganz anderes, als wenn ich in einem geschlossenen Raum über Naturerfahrungen referiere." Sie ist besonders fasziniert von der natürlichen Dynamik im Nationalpark: „Nahezu jeden Tag verändert sich etwas. Wasser bahnt sich einen neuen Weg, ein Baum fällt und verrottet langsam, jede Jahreszeit bringt ganz andere Farben mit sich. Wenn man Natur Natur sein lässt, gibt es ständig Überraschungen. Das ist einfach schön."

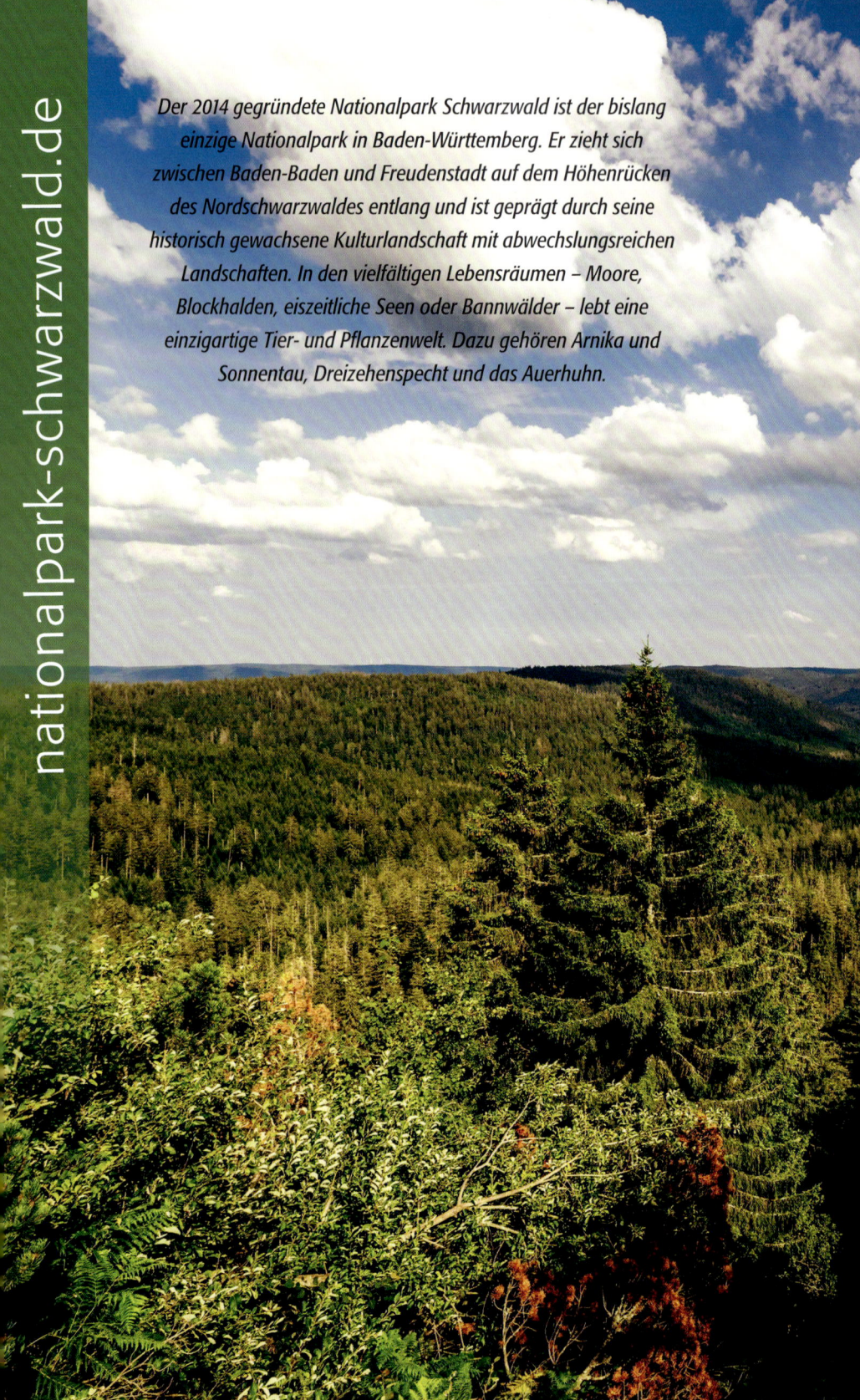

Der 2014 gegründete Nationalpark Schwarzwald ist der bislang einzige Nationalpark in Baden-Württemberg. Er zieht sich zwischen Baden-Baden und Freudenstadt auf dem Höhenrücken des Nordschwarzwaldes entlang und ist geprägt durch seine historisch gewachsene Kulturlandschaft mit abwechslungsreichen Landschaften. In den vielfältigen Lebensräumen – Moore, Blockhalden, eiszeitliche Seen oder Bannwälder – lebt eine einzigartige Tier- und Pflanzenwelt. Dazu gehören Arnika und Sonnentau, Dreizehenspecht und das Auerhuhn.

nationalpark-schwarzwald.de

„Eine Spur wilder" ist das Motto des Nationalparks Schwarzwald, Wildnis ist derzeit im Naturschutz ohnehin ein großes Thema. Wie sieht Svenja Fox das? „Wir alle haben wohl eine ganz subjektive Einschätzung dessen, was Wildnis bedeutet." Jede davon sei gerechtfertigt, für sie selbst sei eine Grundidee wichtig: „Der Mensch nimmt sich zurück und greift nicht mehr ein."

### *„Barrierefrei heißt für mich, jeder soll alles erleben können."*

### Zum Wilden See

Zur Einstimmung für eine Tour im Nationalpark empfiehlt Svenja Fox das Nationalparkzentrum Ruhestein. „Das steht genau auf dem Grat, wo sich Baden und Schwaben treffen." Das Zentrum liegt nicht nur inmitten einer einzigartigen Landschaft mit ausgedehnten Wäldern, lichten Berghöhen und dunklen Karseen, sondern ermöglicht mit seiner Ausstellung auch faszinierende Einblicke in die Natur, aber auch in die historische Nutzung des Schwarzwaldes.

Der Ruhestein ist zudem der ideale Ausgangspunkt für eine Wanderung zum „Wilden See", einem der schönsten Karseen des nördlichen Schwarzwaldes. Karseen sind mit Wasser gefüllte Mulden, die sich aus Schmelzwasser, Quellen oder Bächen speisen. Der Wilde See liegt inmitten eines Waldes, der sich seit mehr als Hundert Jahren ohne menschlichen Einfluss entwickeln darf.

DER WILDE SEE

URSPRÜNGLICH PRÄGTEN BUCHEN UND TANNEN
DEN SCHWARZWALD, HEUTE FICHTEN UND KIEFERN.

Auf den ersten Blick mag dieser ehemalige Bannwald tot aussehen, dabei steckt er voller Leben. „Mit etwas Glück sieht man hier sogar den vom Aussterben bedrohten Dreizehenspecht. Der liebt nämlich Käferlarven, die im absterbenden oder toten Holz stecken", erzählt die 34-Jährige.

Eine Ahnung von unberührter Natur bekommt man auch auf dem Wildnispfad im Nordteil des Nationalparks. Dieser nur 3,5 Kilometer lange Weg führt durch eine rund 70 Hektar große Sturmwurffläche, eine Folge des Orkans „Lothar" aus dem Jahr 1999. „Die Bäume, die hier umgefallen sind, waren teilweise mehr als 150 Jahre alt." Und die liegen jetzt kreuz und quer im Weg, sodass man für die kurze Strecke durchaus drei Stunden einplanen sollte. „Dafür lässt sich hier wunderbar beobachten, wie überall neues Leben erwächst."

Hamburg
5:30 h

Berlin
5:55 h

Köln
2:30 h

Offenburg
Seebach
50 Min.

München
3:40 h

### ANREISE

Von den Fernbahnhöfen Pforzheim, Karlsruhe, Baden-Baden, Offenburg und Freiburg (Breisgau) geht es mit dem Regionalverkehr zu den Attraktionen des Nationalparks Schwarzwald.

DER MUMMELSEE IST DER GRÖSSTE UND TIEFSTE KARSEE IM NATIONALPARK.

### MOBIL VOR ORT

KONUS bedeutet „Kostenlose Nutzung des öffentlichen Nahverkehrs für Schwarzwaldurlauber". In rund 9.000 Beherbergungsbetrieben erhalten Urlauber die KONUS-Gästekarte, die freie Fahrt mit Bus und Bahn im gesamten Schwarzwald ermöglicht. Wer keine KONUS-Gästekarte besitzt, kann sich mit dem Nationalparkticket für einen ganzen Tag mit den öffentlichen Verkehrsmitteln innerhalb des definierten Gebietes um den Nationalpark Schwarzwald kostengünstig fortbewegen.

### Weitere Infos

Weitere Informationen zu den Fahrtziel Natur-Gebieten unter

*fahrtziel-natur.de*

**5** Gut für Mensch und Reben

Gerhard Schwarztrauber
im Biosphärenreservat Pfälzerwald

Seniorchef Walter Schwarztrauber, ein „echter Vollblutwinzer", dürfte seinerzeit mehrfach geschluckt haben, als sein Sohn zu ihm sagte: „Entweder Bio oder ich steige nicht ein." Schließlich hatte er sein Weingut seit 1959 mit konventionell angebauten Weinen erfolgreich am Markt etabliert. Aber sein Sohn Gerhard Schwarztrauber hatte schon immer seinen eigenen Kopf – obwohl er zunächst gar kein Winzer werden wollte: „Ich habe von klein auf gesehen, dass man sich reinhängen muss."

So studierte er zunächst BWL, „das hat durchaus Spaß gemacht". Doch dann wurde ihm klar, dass sein Herz für den Wein schlägt". So begann Schwarztrauber 1981 seine Ausbildung im elterlichen Betrieb und wechselte ein Jahr später ins rheinhessische Mettenheim. Dort durfte er auf dem Weingut von Öko-Pionier Otto Heinrich Sander erste Erfahrungen mit dem An- und Ausbau von Bioweinen sammeln. Gerhard Schwarztraubers Eigensinn ist sicher ein Grund dafür, dass der Winzer aus Neustadt an der Weinstraße, am nordöstlichen Rand des Biosphärenreservats Pfälzerwald gelegen, mit seinen pfälzischen Bioland-Weinen seit einigen Jahren große Erfolge feiert – von Gold- und Silbermedaillen beim Bio-Weinpreis „Mundus Vini BioFach" bis hin zu internationalen Auszeichnungen.

### Konsequent ökologisch

Anfang der 1980er-Jahre begann der heute 57-Jährige, seine Rebflächen auf Bioanbau umzustellen. Seit 1986 ist das Weingut ein Bioland-Betrieb. In der Mußbacher Eselshaut, einer Weinlage zwischen Neustadt an der Weinstraße und Deidesheim, produziert Gerhard Schwarztrauber seither auf 20 Hektar seine Weine konsequent nach den Richtlinien des ökologischen Weinbaus.

Das betrifft vor allem die Schädlingsbekämpfung: Er verwendet ausschließlich natürliche Spritzmittel aus Kräutern und begrünt seine Rebflächen mit Roggen, Wicken und Klee – zu Beginn seiner Winzerkarriere noch absolut ungewöhnlich: „Damals galt die Regel, im Weinberg darf nix wachsen außer Wein." Da er beim Klärungsprozess auf Gelatine oder Eiweiß verzichtet, sind seine Weine auch für Veganer geeignet.

### In der Welt unterwegs

Dabei war der Anfang alles andere als leicht, erzählt Gerhard Schwarztrauber: „Anfang der 1980er-Jahre war Bio im Weinbau noch ein Fremdwort. Wer sich dafür interessierte, galt als Freak." Sein Interesse galt seinerzeit nicht alleine dem Bio-Weinbau, sondern der gesamten Umweltthematik. Er war viel in der Welt unterwegs, vor allem in Afrika, und was er dort sah, gefiel ihm überhaupt nicht. „In vielen Ländern wurden in der Landwirtschaft Pestizide verwendet, die bei uns schon längst verboten waren."

> *„Damals galt die Regel, im Weinberg*
> *darf nix wachsen außer Wein."*

Auch Rachel Carsons Buch „Der stumme Frühling" öffnete ihm die Augen über die verheerenden Auswirkungen des Einsatzes von Chemikalien zur Insektenbekämpfung und Unkrautvernichtung. „Wir sind Winzer, was machen wir hier?", habe er sich seinerzeit gefragt. „Es muss doch intelligentere Möglichkeiten geben, sogenannte Schadorganismen zu bekämpfen."

„DAS IST HIER SCHON EIN TOLLES GEBIET."

## Viel Idealismus

In Schwarztraubers Anfangszeit als Bio-Winzer war viel Idealismus gefragt. „Das Umstellungsjahr 1986 war gleich ein außergewöhnlich trockenes Jahr – und es folgten zwei ebenso trockene", erinnert er sich. Der Boden habe kaum Humus aufbauen können, deshalb arbeitete das Weingut damals mit großen Mengen Pferdemist. Außerdem gab es Probleme mit einigen Kollegen – „die haben sich beschwert, dass Unkrautsamen in ihre sauberen Weinberge flogen." Auch an einer anderen, ebenso wichtigen Front musste Schwarztrauber zunächst Überzeugungsarbeit leisten: „Schließlich kannte damals noch kaum jemand BIO." So bedurfte es einigen Durchhaltevermögens, bis ein Teil der alten Kundschaft überzeugt war und neue Kunden gewonnen wurden: „Wir haben viele Hausbesuche gemacht und regelrecht ‚Wein-Tupperabende' veranstaltet."

## Perfekte Bedinungen

In den letzten Jahren hat im Weinbau der Begriff des „Terroir" an Bedeutung gewonnen. Dieser Terminus beschreibt, wie Klima, Boden und Landschaft die Entwicklungen des Weinstocks und den Geschmack der Trauben beeinflussen. Welche Bedeutung haben

VON DER SONNE VERWÖHNT – BLICK
VOM 1862 ERRICHTETEN REHBERGTURM

Eines der größten zusammenhängenden Waldgebiete
Deutschlands prägt das Biosphärenreservat Pfälzerwald.
Die Wälder aus Kiefer, Rotbuche und Edelkastanie nennen
rund 600 Wildkatzen ihr Zuhause – auch dank eines BUND-
Artenschutzprojektes, für das sich der Umweltverband seit
2007 engagiert. Auf den Buntsandsteinfelsen im Süden
brüten Kolkrabe und Wanderfalke, in den sonnigen, feuchten
Wiesentälern fühlen sich seltene Vogelarten wie Gebirgsstelze,
Wasseramsel und Eisvogel wohl. Langfristig soll auch der Luchs
im Pfälzerwald wieder heimisch werden.

pfaelzerwald.de

diese natürlichen Einflussfaktoren rund um Neustadt, wo durchschnittlich 1.850 Sonnenstunden im Jahr Mandeln, Feigen, Edelkastanien, Kiwis und sogar Limonen reifen lassen?

„Für den Weinbau herrschen hier am Haardtrand perfekte Bedingungen", sagt Gerhard Schwarztrauber. „Der Pfälzerwald hält die kalten Winde ab, das Klima hier ist gut für Mensch und Reben", so der Winzer, mit seinem Betrieb offizieller Partner des Biosphärenreservats. Hinzu kommen viele unterschiedliche Böden auf engem Raum – Buntsandstein, Lehm, Löss oder Sand –, die jeweils eine gute Grundlage für bestimmte Rebsorten bieten. Allerdings sind auch hier schon die Folgen des Klimawandels zu spüren, die Vegetation ist zeitlich nach vorne gerutscht: „Früher haben wir beim Grauburgunder so um den 20. September mit der Ernte begonnen, mittlerweile starten wir zwei Wochen früher."

## „Der Pfälzerwald hält die kalten Winde ab, das Klima hier ist gut für Mensch und Reben."

Gerhard Schwarztrauber ist ein echter Fan des Pfälzerwaldes. „Das ist hier schon ein tolles Gebiet", betont er, „ganz viel Wald, sonnige Täler, Felsen und viele alte Burgen, dazu ein großes Netz an Wanderwegen und zahlreichen Waldgaststätten." Vor allem Aktivurlauber schätzen den Pfälzerwald zunehmend – wie schon die Römer, mit denen die Weinrebe in die Pfalz kam. Insofern setzt Gerhard Schwarztrauber eine lange Tradition fort, auf seine ganz eigene Art.

LINKS: VIEL GRÜN IM WEINBERG VON GERHARD SCHWARZTRAUBER
RECHTS: BUNTSANDSTEINFELSEN PRÄGEN TEILE DES PFÄLZERWALDES.

Hamburg
4:20 h

Berlin
4:55 h

Köln
1:25 h

Mannheim

Neustadt
(Weinstraße)
20 Min.

München
3:00 h

### ANREISE

Fernverkehrszüge fahren unter anderem die Bahnhöfe in Mannheim, Neustadt (Weinstraße), Kaiserslautern und Karlsruhe an. Von dort bietet der Rheinland-Pfalz-Takt mit S-Bahn, Regionalzügen und Bus einen bequemen Zugang zum Pfälzerwald.

REBSTÖCKE UND WEINFASS IN GERHARD SCHWARZTRAUBERS WEINBERG

### MOBIL VOR ORT

Die Pfalzcard ist ein exklusives Geschenk, das Gäste bei ihrer Ankunft von rund 100 teilnehmenden Beherbergungsbetrieben erhalten. Neben der freien Fahrt mit Bus, S-Bahn und Regionalzügen in der gesamten Pfalz ermöglicht die Karte den kostenlosen Besuch von 100 Freizeitangeboten in der Region: darunter das Hambacher Schloss oder das SEA LIFE Speyer.

### Weitere Infos

Weitere Informationen zu den Fahrtziel Natur-Gebieten unter

*fahrtziel-natur.de*

Biosphärenreservat Pfälzerwald

BURG TRIFELS

Rosalinde Bachmann und
das Biosphärenreservat Bliesgau

Rosalinde Bachmann hat eine klare Meinung: „Im Bliesgau ist es viel schöner als in den meisten anderen Gegenden." Warum? „Die abwechslungsreiche, harmonische Hügellandschaft macht uns zur ‚Toskana' des Saarlandes. Die Sonne scheint häufiger und lässt Wein, Mandeln und Feigen wachsen." Und auch der Menschenschlag sei ein besonderer: „Hier glaubt man an das Prinzip des ‚Savoir-vivre', man spürt die Nähe zu Frankreich."
Seit 2015 betreibt Rosalinde „Rosi" Bachmann das VeBistro. Das vegane Bistro im Kulturlandschaftszentrum „Haus Lochfeld" in Wittersheim ist offizieller Partnerbetrieb des Biosphärenreservats. Die gelernte Krankenschwester war zuvor als Qualitätsmanagerin im Gesundheitswesen tätig, wollte aber aus dem „immer gleichen Trott" ausbrechen. „Ungefähr alle zehn Jahre brauche ich eine neue Herausforderung", beschreibt sie ihre Einstellung.

### Kochkunst autodidaktisch

Gesunde und ressourcenschonende Lebensmittel sind schon lange ein wichtiges Thema für die 63-Jährige: „Ich komme quasi aus der Müsliszene." Sie hat eine Ausbildung zur ganzheitlichen Gesundheits- und Ernährungsberaterin absolviert, ernährt sich seit rund 30 Jahren vegetarisch und seit zehn Jahren vegan. „Damals war das noch viel schwieriger als heute, die Auswahl war deutlich geringer und man galt oft als Exotin."

*„Die Sonne scheint häufiger und lässt Wein, Mandeln und Feigen wachsen."*

Mit den Jahren hat sie sich immer tiefer in das Thema eingearbeitet: „Ich bin eine echte Autodidaktin." Offensichtlich erfolgreich, denn ihre zunächst vegetarischen und später veganen Kochkünste kamen im Freundeskreis blendend an. Irgendwann veranstaltete Rosi Bachmann einen privaten Kochabend, einen sogenannten Supper Club. Zufällig war auch ein Redakteur des Saarländischen Rundfunks vor Ort, der darüber berichtete. Das war der Startschuss für eine ganze Reihe weiterer Supper Clubs im Hause Bachmann-Dörr.

### Wir probieren es einfach

„Mach doch einfach ein Restaurant auf", hat sie immer häufiger gehört – und eines Tages ergab sich die Gelegenheit. Bei Ausflügen mit ihrem Mann kam sie regelmäßig am Haus Lochfeld vorbei. Ein malerisch im Mandelbachtal gelegenes Kulturlandschaftszentrum mit einem ökologischen Weinberg, einem Bienenhaus, Streuobstwiesen, einem Kräuter- und Rosengarten sowie vielen weiteren Modellanlagen, die ein Verständnis für die Zusammenhänge von Natur, Umwelt und Landschaft vermitteln. „Hier lässt sich das Zusammenspiel von Mensch und Natur wunderbar erleben", bringt es die Bistrobesitzerin auf den Punkt.

Als 2015 ein neuer Pächter für Haus Lochfeld gesucht wurde, hat sich das Ehepaar Bachmann-Dörr tief in die Augen geschaut: „Was machen wir jetzt? Wir probieren es einfach." Anfangs in Teilzeit, doch seit gut anderthalb Jahren widmet sich Rosi Bachmann der nicht mehr ganz so neuen Aufgabe mit voller Kraft – gemeinsam mit ihrem Mann, der sich bescheiden als „Küchenhilfe" bezeichnet.

MALVE (O.), EINJÄHRIGER BORRETSCH (M.) UND SONNENBLUME (U.)

VIELFÄLTIG, VEGAN UND LECKER IST DAS ANGEBOT IM VEBISTRO.

## Neugierige Bewusstesser

Das VeBistro hat freitags, samstags und sonntags geöffnet. Hinzu kommen Veranstaltungen auf Anfrage sowie Catering. Auch führen einige offizielle Touren der Saarpfalz-Touristik an Haus Lochfeld vorbei, etwa die Führung „Auf den Spuren von Öl, Natur und Pilgern". „Mitunter ist das alles ganz schön anstrengend", erzählt Rosi Bachmann. Doch sie konnte die mit einem gastronomischen Betrieb verbundene Arbeit realistisch einschätzen: „Meine Tante hatte ein Restaurant."

Das Feedback sei bislang ausschließlich positiv – für sie keine wirkliche Überraschung. „Die meisten unserer Gäste sind weder Veganer noch Vegetarier, sondern wollen einfach mal etwas Neues ausprobieren." Diese Menschen bezeichnet sie als „Bewusstesser", die sich gerne die Geheimnisse der fleischlosen Küche erklären lassen und denen es wichtig ist, dass etwa die Linsen für die Burger und Falafeln von der Bliesgau Ölmühle oder das Obst und Gemüse vom Wintringer Hof kommen - von lokalen, biologisch arbeitenden Erzeugern also.

Die Blies durchzieht die sanft hügelige Landschaft und ist Namensgeber für das südwestlichste Biosphärenreservat in Deutschland. Der Bliesgau ist die Heimat seltener Tier- und Pflanzenarten wie Steinkauz, Bocks-Riemenzunge oder das wärmeliebende Kalk-Kreuzblümchen. Auf den Halbtrockenrasen wächst nahezu die Hälfte der in Deutschland vorkommenden Orchideenarten. Gut erhaltene Spuren der Römer und Kelten zeugen davon, dass diese Region bereits vor mehreren Tausend Jahren attraktiv war.

biosphaere-bliesgau.eu

## Bezaubernde Kulturlandschaft

Rosi Bachmann ist ein großer Fan ihrer Heimat und hat daher zahlreiche Tipps für Besucherinnen und Besucher des Bliesgaus parat. Zum Beispiel die Bliesgau-Tafeltour, die über 15 Kilometer mit Streuobstwiesen, Wäldern und kleinen Dörfern einen vollständigen Eindruck der Kulturlandschaft vermittelt. „Besonders schön ist es hier im Frühjahr, wenn die Obstbäume blühen." Ähnliche Erlebnisse vermittelt die rund 75 Kilometer lange Saar-Bliesgau-Radtour, eine Tagestour entlang der Flusstäler von Saar und Blies mit Fernblicken in Richtung Vogesen.

### *„Besonders schön ist es hier im Frühjahr, wenn die Obstbäume blühen."*

Ebenfalls empfehlen kann Rosi Bachmann den Mandelbachtal Natura Trail, der unter anderem durch einen der ältesten Wälder im Bliesgau und vorbei am fast 800 Jahre alten Marienwallfahrtsort Kloster Gräfinthal führt.

LINKS: LICHTDURCHFLUTETER WALD
RECHTS: SCHWAN AUF DEM WÜRZBACHER WEIHER

Hamburg
4:20 h

Berlin
4:55 h

Köln
1:25 h

Blieskastel
2:05 h

Mannheim

München
3:00 h

### ANREISE

Vom Fernverkehrsknoten Mannheim geht es mit Bahn und Bus über Homburg (Saar) oder St. Ingbert ins Biosphärenreservat. Eine Alternative ist die Anreise über Saarbrücken.

NAH DRAN BEI DEN BIENEN

### MOBIL VOR ORT

Die Saarland Card ist ein Geschenk der teilnehmenden Beherbergungsbetriebe an ihre Gäste und ermöglicht freie Fahrt mit Bus und Bahn im gesamten Saarland. Ebenfalls enthalten ist der kostenlose Besuch von mehr als 90 Ausflugszielen und Attraktionen, darunter die Schlossberghöhlen Homburg, Europas größte und von Menschenhand geschaffene Buntsandsteinhöhlen, oder der europäische Kulturpark Bliesbruck-Reinheim.

### Weitere Infos

Weitere Informationen zu den Fahrtziel Natur-Gebieten unter
*fahrtziel-natur.de*

DER ABGEBROCHENE AST BIETET NEUEN LEBENSRAUM FÜR KLEINTIERE UND INSEKTEN.

# 7 Neues Leben im Wald

Robert Stockinger und der
Nationalpark Bayerischer Wald

Im Jahr 2020 feiert der Nationalpark Bayerischer Wald seinen 50. Geburtstag. Eine Erfolgsgeschichte des Naturschutzes, die aber mit Streit begann. So gab es in den 1960er-Jahren massive Auseinandersetzungen darüber, wie das Gebiet in der Rachel-Lusen-Region künftig genutzt werden sollte. Der Ausbau der touristischen Infrastruktur versprach einen großen Geldsegen, doch der spätere BUND-Vorsitzende Hubert Weinzierl, damals ehrenamtlicher Naturschutzbeauftragter von Niederbayern, hatte eine bessere Idee: Ein Nationalpark sollte es sein.

Mit prominenten Verbündeten wie Bernhard Grzimek kämpfte er für seine Idee und überzeugte letztendlich auch die Touristiker vor Ort, dass auch sie von einem solchen Schutzgebiet profitieren würden. Am 7. Oktober 1970 wurde der Nationalpark Bayerischer Wald feierlich eröffnet. Der erste Nationalpark in Deutschland lockte zahlreiche Besucher in die Region, auch skeptische Einheimische freundeten sich bald mit ihm an. Doch dann kam der Borkenkäfer.

*„Die Vogelwelt ist ein guter Indikator für die Entwicklung des Nationalparks, viele Arten profitieren von der neu entstehenden Wildnis."*

### Kaputtgeschützt?

Robert Stockinger erinnert sich noch gut an die heftigen Diskussionen in den 1980er- und 1990er-Jahren, als großflächige Windwürfe unzählige Fichten zu Fall brachten und somit die Basis für einen massiven Borkenkäferbefall legten. „Rund 60 Prozent der Altfichten sind damals abgestorben", erzählt der Forstwirt, der seit 1989 als Ranger für den Nationalpark arbeitet. „Damals hieß das noch Ordnungsdienst", schmunzelt der 45-Jährige. Die Baumgerippe lösten eine großflächige Skepsis aus, ob hier jemals wieder Wald wachsen würde, und setzten die Verteidiger des Nationalparks massiv unter Druck. „Kaputtgeschützt" betitelte der „Stern" 1997 einen Artikel zum Nationalpark Bayerischer Wald.

„Heute wissen wir, dass es sich um natürliche Prozesse handelt, die dabei helfen, den Nationalpark zu dem zu machen, was er werden soll – eine Wildnis, in der Natur Natur sein darf." Bis 2027 soll diese Wildniszone rund drei Viertel der Nationalparkfläche

TOTHOLZ BEDECKT MIT ZUNDERSCHWAMM

IN ABGESTORBENEN BÄUMEN LEBEN VIELE TIER- UND PFLANZENARTEN.

umfassen. Robert Stockinger verweist darauf, dass der bisherige Baumbestand keinesfalls auf natürlichen Prozessen beruht: „Nach einem gewaltigen Sturm im Jahr 1870 wurde großflächig Fichte aufgeforstet." Die Waldbauern freuten sich, schließlich wächst die Fichte schnell und verspricht hohe Rendite. Allerdings ist eine solche „Fichtenplantage" arm an Arten und Lebensräumen und als Monokultur ausgesprochen anfällig gegen Sturmereignisse.

### Neues Leben aus totem Holz

„Gerade das Totholz ist wichtig für neues Leben im Wald", betont der Ranger. Viele der geschätzt rund 14.000 Tier- und Pflanzenarten leben in und an den abgestorbenen Bäumen. „Der Borkenkäfer bereitet praktisch den Boden für eine natürliche Waldverjüngung", so Stockinger, „und für die Entstehung eines vielfältigen und artenreichen Mischwaldes." Wie das funktioniert, sieht man im Nationalpark Bayerischer Wald auf dem Seelensteig, einem rund einen Kilometer langen Themenweg zur natürlichen Entwicklung des

WELCHER VOGEL HAT DA GESUNGEN?

Bergwaldes bei Spiegelau. Zwischen umgestürzten Baumskeletten wachsen hier junge Buchen, Ebereschen, Tannen und Fichten.

Der Nationalpark wird heute von der heimischen Bevölkerung weitgehend unterstützt. „Nur ein paar Ewiggestrige beschweren sich über die Unordnung und schimpfen, dass sie kein Holz mehr nutzen dürfen", erzählt Stockinger. Und für Mykologen – Pilzkundler – hält die wachsende Wildnis sogar immer wieder Sensationen bereit. Eine davon war die Zitronengelbe Tramete, ein Pilz, der in Deutschland als längst ausgestorben galt. Oder der Duftende Feuerschwamm – dieser intensiv nach Rosen duftende Pilz wurde in Deutschland nur im Nationalpark Bayerischer Wald und weltweit lediglich an sechs weiteren Orten nachgewiesen.

## Vögel profitieren

Robert Stockinger kennt sich mit allen Aspekten des Nationalparks Bayerischer Wald bestens aus, doch seine besondere Aufmerksamkeit gilt den Vögeln: „Das ist mein persönliches Steckenpferd." Wer mehr darüber erfahren will, sollte den Ranger unbedingt auf einer frühmorgendlichen Vogelstimmenexkursion begleiten. Die

DER NATIONALPARK BAYERISCHER WALD IST
EIN ELDORADO FÜR PILZKUNDLER.

nationalpark-bayerischer-wald.bayern.de

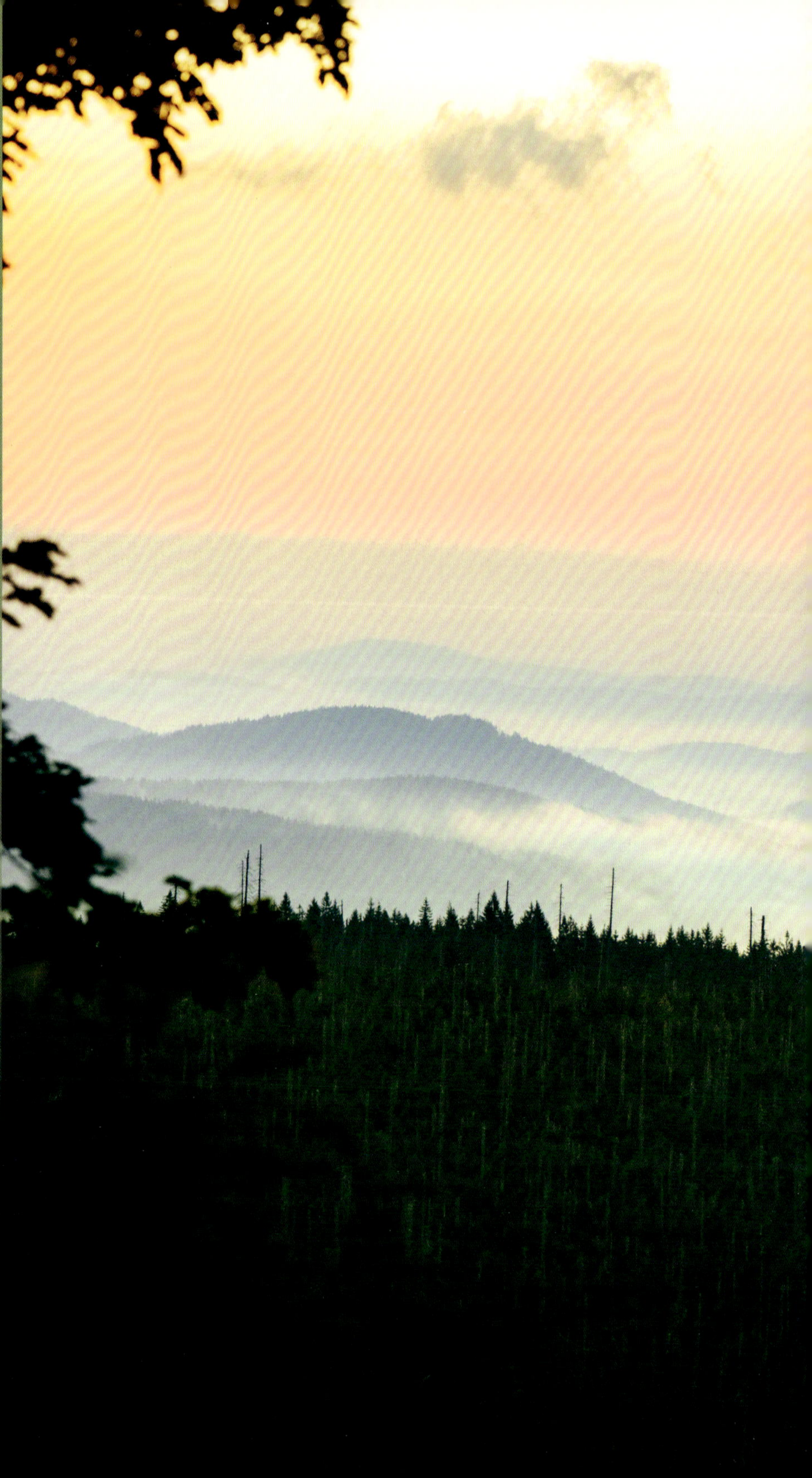

*Der 1970 gegründete Nationalpark Bayerischer Wald ist der erste und damit älteste Nationalpark Deutschlands. Auf einer Fläche von mehr als 24.500 Hektar finden sich hier 360 Kilometer gut beschilderter Wanderwege, fast 200 Kilometer Radwege und 100 Kilometer Langlaufloipen. Die Nationalparke Bayerischer Wald und Šumava (Böhmerwald, Tschechien) sind mit rund 930 Quadratkilometern das größte zusammenhängende Waldschutzgebiet Mitteleuropas. Wo sich die Natur ohne menschlichen Einfluss entwickeln darf, leben viele seltene Tier- und Pflanzenarten. Der Charaktervogel des Nationalparks ist das Auerhuhn, mittlerweile ist auch der Luchs zurückgekehrt.*

Vogelwelt ist ein guter Indikator für die Entwicklung des Nationalparks, viele Arten profitieren von der neu entstehenden Wildnis. Dazu gehören das Auerhuhn sowie der Dreizehen- und der Weißrückenspecht, aber auch der Habichtskauz – nach dem Uhu die zweitgrößte in Deutschland lebende Eule.

### *„Totholz ist wichtig für neues Leben im Wald."*

„Kurz nach dem Start des Nationalparks hat man begonnen, junge Habichtskäuze anzusiedeln", erzählt er. Und die Tiere fühlen sich im Nationalpark offensichtlich wohl: Die abgestorbenen Baumstümpfe sind perfekte Bruthöhlen und in den gelichteten Waldflächen funktioniert die Mäusejagd besonders gut. Heute schätzt man die Zahl der Reviere auf 25 bis 30, mit den rund 20 Revieren im benachbarten tschechischen Nationalpark Šumava scheint die Populationsentwicklung des Habichtskauzes in der Region auf einem guten Weg.

BUCHFINK

IMMER NOCH TYPISCH: FICHTEN IM NATIONALPARK BAYERISCHER WALD

### Mehr jüngere Gäste

Immer mehr Naturfreunde möchten den Nationalpark Bayerischer Wald kennenlernen. Laut Stockinger würden vor allem jüngere Menschen das Angebot annehmen. Er begrüßt das grundsätzlich, sieht aber auch Herausforderungen: „Es ist wichtig, dass sich alle unsere Besucher an die Regeln des Nationalparks halten und gerade in Ruhezonen die markierten Wege nicht verlassen." Vor allem im Winter reagierten viele Tiere sehr sensibel auf Störungen.

Der 45-Jährige bezeichnet seine Heimat als ein ökologisches Kleinod. Und auch die Menschen seien sehr herzlich, „wenn man den Knopf gefunden hat". Er jedenfalls wolle nicht mehr weg. Und was empfiehlt er Besuchern, die sich einen Eindruck von der Natur im Nationalpark machen wollen? „Eine gute und für den Nationalpark typische Tour startet am Parkplatz Sagwassersäge – dort hält auch der Igelbus – und führt hinauf zum Lusen, einem der schönsten Geotope Bayerns. Und nach einer Brotzeit im Lusenschutzhaus geht es über die Waldlichtung ‚Tummelplatz' zurück zum Ausgangspunkt."

Hamburg
5:55 h

Berlin
5:30 h

Köln
5:00 h

Grafenau
1:20 h

Plattling

München
1:35 h

### ANREISE

Den Nationalpark Bayerischer Wald erreicht man mit dem DB Fernverkehr über Regensburg, Plattling und Passau. Von dort geht es mit dem Bus oder dem Regionalverkehr zu den schönsten Ecken im Nationalpark.

HOHLTAUBE

### MOBIL VOR ORT

Das Gästeservice Umwelt-Ticket (GUTi) wird bislang von 23 Gemeinden im Bayerischen Wald angeboten, darunter Grafenau und Bodenmais. Damit gilt freie Fahrt im öffentlichen Nahverkehr im Bayerischen Wald. Das GUTi erhalten Gäste nach Ankunft in ihrem Beherbergungsbetrieb.

### Weitere Infos

Weitere Informationen zu den Fahrtziel Natur-Gebieten unter

*fahrtziel-natur.de*

93

SONNENAUFGANG AM LUSEN

Stephan Amm und
der Naturpark Frankenwald

"ICH MÖCHTE MIT MEINEN FOTOS GEFÜHLE AUSDRÜCKEN UND ERZEUGEN."

Fotografen lieben gutes Wetter, am liebsten früh am Morgen oder kurz vor Sonnenuntergang – sollte man meinen. Doch Stephan Amm möchte sich darauf nicht festlegen: „Ich fotografiere gerne im Regen und ein kleines Seitental im Frankenwald ist auch im Nebel schön." Gerade mit Schwarz-Weiß-Fotos lasse sich mit kontrastreichen Naturmotiven eine besondere Stimmung erzeugen. Und genau darum geht es ihm: „Ich möchte mit meinen Fotos Gefühle ausdrücken und erzeugen."

## „Ich fotografiere gerne im Regen und ein kleines Seitental im Frankenwald ist auch im Nebel schön."

Dass er das richtig gut macht – davon zeugt sein mittlerweile umfangreiches Portfolio, aber auch der renommierte Fritz Pölking Preis, der ihm im November 2019 von der Gesellschaft für Naturfotografie für seine Arbeit „The Art of Ice" verliehen wurde. Dabei hatte Amm auf neun Bildern gefrorenes Wasser in seinen unterschiedlichen Erscheinungsformen dargestellt. Sieben der Motive stammen aus dem Naturpark Frankenwald.

DIE GLATTE WASSEROBERFLÄCHE SPIEGELT
LANDSCHAFT UND SONNENSTRAHLEN.

### Vom Apotheker zum Fotografen

Stephan Amm ist in Kronach geboren und damit ein waschechter Oberfranke. Heute lebt er von der Fotografie, besonders gerne fotografiert er die Natur in seiner fränkischen Heimat. Gearbeitet hat er aber zunächst als Apotheker – wie kam es zu dieser Entwicklung?

„Dass ich Apotheker wurde, liegt wohl in der Familie", erzählt er. Sein Großvater war Lehrer für Chemie und Biologie, sein Vater führte lange Jahre eine Apotheke im mittelfränkischen Pommelsbrunn. „In der Schule wusste ich nicht so recht, was ich später anfangen sollte. Da habe ich in einer Umfrage zum Studienwunsch Pharmazie angekreuzt." Vermutlich habe er damit unbewusst einen Familienwunsch erfüllen wollen, außerdem – „wozu ist man auf dem Gymnasium?"

### Durchbruch mit Apple

Das Pharmaziestudium habe ihn ziemlich gefordert, erzählt Stephan Amm: „Da wurde schon ein ziemliches Pensum verlangt." Deshalb hat er zwischendurch auch einmal etwas anderes probiert, sich an Germanistik und Geschichte versucht. Schon damals hat er eine künstlerische Ader an sich entdeckt und sporadisch fotografiert. „Brotlose Kunst", urteilt er heute darüber.

Letztendlich hat er aber doch noch die Kurve gekriegt. „Mit Ende 20 wird es ernst und ich wollte etwas zu Ende bringen." Er nahm sein Pharmaziestudium in Regensburg wieder auf und schloss es in Berlin ab. Anschließend arbeitete er in der Apotheke seines Vaters und leitete diese sogar für kurze Zeit, was durchaus Spaß gemacht, aber auch einige Nerven gekostet habe: „Eine Sechstagewoche in geschlossenen Räumen ist nicht wirklich etwas für mich." Immerhin konnte er das so verdiente Geld in den Ausbau seiner Fotoausrüstung investieren und in der kargen Freizeit sein fotografisches Portfolio ausbauen.

„EINFACH LOSZIEHEN" IST DAS MOTTO.

Die Apotheke hat er vor gut zwei Jahren verkauft, heute hilft er noch ab und zu aus: „Das geht dann sehr entspannt zu." Sein „Durchbruch" als Fotograf kam 2014, als er einen Anruf von Apple erhielt und um die Originaldatei eines seiner Fotos gebeten wurde. „Erster Gedanke: ‚Verarschen kann ich mich selber'." War aber keine „Verarsche", die weltberühmte Firma aus Cupertino, USA, wollte ein Foto für die Markteinführung eines neuen iPhone-Modells nutzen.

### Vielfalt auf engem Raum
Heute sind rund 70 Prozent seiner Bilder Naturfotos. Der größte Teil davon entsteht in Oberfranken und da besonders im Frankenwald. Was schätzt er an seiner Heimat? Vor allem die Vielfalt: „Wir haben hier auf relativ engem Raum viele verschiedene Naturräume – Wald, Felsen und hohe Berge bis hin zu Sanddünen und Wacholderheiden." Oberfranken sei eine Schatztruhe mit vielen Schubladen, das schließe die Ortschaften und auch die Menschen mit ein. Und – auch nicht ganz unwichtig: „Die Qualität der lokalen Gastronomie ist hervorragend."
Stephan Amm schätzt auch die kurzen Wege und die Tatsache,

WASSER IN SEINEN VERSCHIEDENEN ERSCHEINUNGSFORMEN
IST STEPHAN AMM EIN WILLKOMMENES MOTIV.

naturpark-frankenwald.de

Im Naturpark Frankenwald warten auf rund 300 Routen mehr als 4.200 Kilometer markierte und vom Frankenwaldverein gepflegte Wanderwege. Dazu gehören zertifizierte Fernwanderwege wie der Frankenweg, der Fränkische Gebirgsweg oder der Kammweg. Ein weiträumiges Radwegenetz bietet sowohl dem gemütlichen Freizeitradler als auch dem ambitionierten Mountainbiker zahlreiche Möglichkeiten. Ein großer Abschnitt des „Grünen Bandes" verläuft durch den Naturpark, in dem zahlreiche bedrohte Tierarten wie Eisvogel, Schwarzstorch und Blaukehlchen zu Hause sind. Kulturfreunde freuen sich über verwunschene Burgen und malerische Schlösser, kulinarisch Interessierte über eine moderne Form der fränkischen Küche.

dass der Frankenwald immer noch ein Geheimtipp ist: „Der Wald nördlich meiner Heimatstadt Kronach ist wunderschön, aber selbst an Wochenenden ist dort wenig los." Lediglich einige besonders prägnante Orte sind an manchen Tagen überlaufen, etwa das Höllental. Dessen Attraktivität kann man aber durchaus verstehen. „Diese 170 Meter tiefe Schlucht mitten durch vulkanisches Gestein ist schon ziemlich spektakulär." Urheber dieses Naturdenkmals ist die Kraft der Selbitz, obwohl die Sage etwas anderes behauptet: So soll der Teufel aus Zorn über einen renitenten Köhler mit seinem Pferdefuß ein gewaltiges Loch in den Boden getreten und so das Höllental erschaffen haben.

*„Ich habe schon oft gesagt: ‚Leute, geht einfach raus, am besten bei Regen, wenn die Feuersalamander unterwegs sind'."*

### Wandern im Regen

Stephan Amm empfiehlt den Besuchern des Naturparks ohne Plan loszuziehen und den Frankenwald auf eigene Faust zu entdecken. Dabei kann es immer wieder zu faszinierenden Begegnungen kommen. „Ich habe schon oft gesagt: ‚Leute, geht einfach raus, am besten bei Regen, wenn die Feuersalamander unterwegs sind'." Umso schöner ist es, wenn die Wanderer bei der Rückkehr begeistert davon berichten, endlich einmal wieder Feuersalamander gesehen zu haben.

Einfach losgezogen ist er auch mit dem Kollegen, der die Fotos für dieses Buch schoss und mit dem er sich bestens verstand. „Ich habe ihn in eine ganz normale, unspektakuläre Mittelgebirgslandschaft mitgenommen. Dort sind wir ein einsames Tal hochgefahren und haben mit alten Leuten gesprochen, die Holz gemacht haben. Paul hat zwar kein Wort verstanden, aber trotzdem hat alles gepasst."

„Einfach losziehen" ist das Motto, aber schließlich kann man ihm doch noch einen Tipp entlocken: „Der Lamitzblick bei Geroldsgrün ist einer meiner Lieblingsorte. Dort gibt es einen Felsen, von dem aus man einen wunderbaren Blick in ein naturnahes Tal hat."

Hamburg
4:30 h

Berlin
2:40 h

Köln
3:30 h

Bamberg    Kronach
40 Min.

München
1:45 h

### ANREISE

Die Fernbahnhöfe Coburg oder Bamberg sind die Ausgangspunkte für die Weiterreise per Bus und Regionalbahn in den Naturpark Frankenwald.

DAS SPIEL VON LICHT UND SCHATTEN ...

### MOBIL VOR ORT

Das Frankenwald-mobil-Netz verbindet von Anfang Mai bis Anfang Oktober die Tourismusregionen Frankenwald und Fichtelgebirge in dem größten zusammenhängenden Fahrradbusnetz Bayerns. Mit der Netztageskarte „Bus" können alle Fahrradbuslinien innerhalb des Netzes genutzt werden. Mit der Saisonkarte fahren Gäste die ganze Saison im gesamten Fahrradbusnetz. Mit dem EgroNet-Ticket herrscht freie Fahrt in allen Nahverkehrszügen im Raum zwischen Zwickau, Gera, Lichtenfels, Pegnitz, Weiden, Marienbad, Karlsbad und Komotau. Die Fahrradmitnahme ist bei allen Fahrscheinen innerhalb des Frankenwald-mobil-Netzes kostenfrei.

### Weitere Infos

Weitere Informationen zu den Fahrtziel Natur-Gebieten unter
*fahrtziel-natur.de*

... SCHAFFT EINZIGARTIGE BILDEFFEKTE.

Heinz Liebermann in den Naturparken und Biosphärenreservat Thüringer Wald

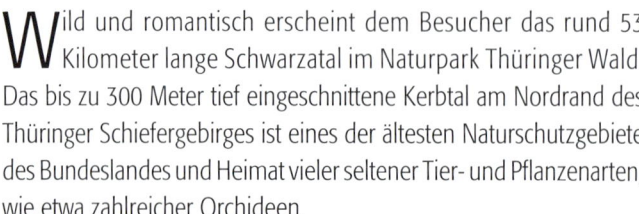

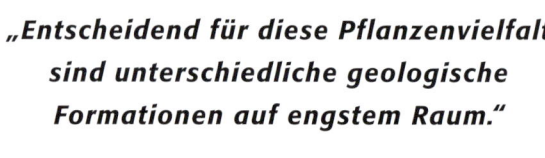

Wild und romantisch erscheint dem Besucher das rund 53 Kilometer lange Schwarzatal im Naturpark Thüringer Wald. Das bis zu 300 Meter tief eingeschnittene Kerbtal am Nordrand des Thüringer Schiefergebirges ist eines der ältesten Naturschutzgebiete des Bundeslandes und Heimat vieler seltener Tier- und Pflanzenarten, wie etwa zahlreicher Orchideen.

In den ehemaligen Schieferbrüchen lebt zudem eine der artenreichsten Schmetterlingspopulationen Europas, darunter der auffällige Schönbär. Bachneunauge und Groppe sind in der Schwarza zu Hause, der Eisvogel geht hier auf die Jagd nach kleinen Fischen. Und eine weitere Kostbarkeit ist in der Schwarza zu finden, nämlich Gold, das noch heute außerhalb der Landschafts- und Naturschutzgebiete von Glückssuchern aus dem Kies herausgewaschen wird.

*„Entscheidend für diese Pflanzenvielfalt sind unterschiedliche geologische Formationen auf engstem Raum."*

### Im Thüringer Kräutergarten

Ganz andere Preziosen des Schwarzatals hat Heinz Liebermann für sich entdeckt. Der ehemalige Kulturamtsleiter von Großbreitenbach ist seit rund 30 Jahren Buckelapotheker. Buckelapotheker? Die vertrieben vom 16. bis ins 20. Jahrhundert Naturheilmittel aus heimischen Kräutern, die sogenannten Olitäten, in ganz Europa. Woher der Name kommt, sieht man beim Blick auf das historische Kostüm von Liebermann: Er trägt auf seinem Buckel, also dem Rücken, ein „Reff" genanntes Holzgestell. Darin waren die Olitäten in Krügen, Flaschen und Schachteln verpackt und wurden so – in der Regel zu Fuß – auf mitunter langen Reisen zu den Kunden transportiert.

Die Kräutergartenregion im Thüringer Schiefergebirge ist eines der traditionellen Gebiete, in denen die Kräuter für Olitäten gesammelt und in winzigen Waldlaboren zu Pflastern, Pillen, Balsamen, Tinkturen, Essenzen und Kräuterdestillaten verarbeitet wurden. Der Begriff „Olitäten" stammt vom lateinischen „Oleum" (auf Deutsch „Öl") ab, ein Hinweis auf die in den Heilmitteln enthaltenen ätherischen Öle.

Und auch heute noch wachsen auf den mageren Bergwiesen Augentrost, Bibernellen, Ehrenpreis, Bärwurz und Arnika. In den

MELISSE (O.), KAMILLENBLÜTEN (M.) UND
WACHOLDERBEEREN (U.) SIND BESTANDTEILE VIELER OLITÄTEN

feuchten Flussniederungen gedeihen Pestwurz und Waldengelwurz. Entscheidend für diese Pflanzenvielfalt sind unterschiedliche geologische Formationen auf engstem Raum, ausreichend sauberes Wasser und die aufgrund der großen Höhenunterschiede sehr unterschiedlichen klimatischen Verhältnisse.

## Das Alte erhalten, darauf Neues gestalten

Sein Erweckungserlebnis hatte der Heimathistoriker Heinz Liebermann bei der Lektüre des Buches „Im Thüringer Kräutergarten: Von Heilkräutern, Hexen und Buckelapothekern". Darin ist ein Abschnitt dem ehemaligen Apotheker, Bürgermeister von (Groß-)Breitenbach und Gründervater des Thüringer Olitätenwesens, Johann Matthias Mylius (1634–1678), gewidmet. Dies nahm Liebermann zum Anlass, mit dem Autor, dem 1990 hochbetagt verstorbenen Schwarzburger Heimatschriftsteller Otto Ludwig, Kontakt aufzunehmen. „Ich habe Otto Ludwig versprochen, den Thüringer Kräutergarten mit seinen Olitätentraditionen für die Region nutzbar zu machen und wieder mit Leben zu erfüllen, gemäß meinem Motto: ‚Das Alte erhalten, darauf Neues gestalten'."

HEINZ LIEBERMANN IM THÜRINGER WALD-KREATIV-MUSEUM

1984 entwickelten Liebermann und Ludwig gemeinsam die Idee eines geologisch-botanischen Wanderweges, die 20 Jahre später Gestalt annehmen sollte. Ausgangspunkt sollte die „Alte Apotheke" von Johann Matthias Mylius sein. Wer mehr über ihn und die Geschichte der Thüringer Olitäten erfahren möchte, kann sich in der Spezialbibliothek „Kräuter & Olitäten" des Regionalen Fördervereins „Thüringer Kräutergarten/Olitätenland" e. V. ausgiebig informieren.

## Märkte und Wanderwege

In den folgenden Jahren entfachte Heinz Liebermann ein wahres Feuerwerk an Aktivitäten. Unter anderem initiierte er gemeinsam mit dem Apotheker Theo Baumbach den „Bräétmicher Kram- und Kräutermarkt" in Großbreitenbach, der 1990 zum ersten Mal seine Pforten öffnete. Bis heute zieht der deutschlandweit einzigartige Spezialmarkt für Kräuter- und Naturprodukte an einem August-sonntag mehrere Tausend Besucher an.

FINGERHUT

Viele Wanderer kennen den Thüringer Wald durch den 168 Kilometer langen Rennsteig. Neben Deutschlands bekanntestem Höhenwanderweg gibt es hier drei vielseitige Naturlandschaften zu entdecken. Die Saale schlängelt sich durch den Naturpark Thüringer Schiefergebirge/Obere Saale und bildet mit ihren Talsperren das Thüringer Meer. Das Schwarzatal im Naturpark Thüringer Wald ist die Heimat der Naturheilmittel, der sogenannten Olitäten. Und das Biosphärenreservat Thüringer Wald besticht durch eine außerordentliche Artenvielfalt. Unter den 91 nachgewiesenen Brutvogelarten befinden sich seltene Kostbarkeiten wie der Schwarzstorch und die Bekassine.

biosphaerenreservat-thueringerwald.de

Und vor allem Heinz Liebermann ist es zu verdanken, dass sich Besucher die Geheimnisse der Thüringer Olitäten erwandern können: 2004 wurde der Mylius-Weg verwirklicht. Der Weg verbindet Mylius' einstige Wirkungsstätten, Kräutergärten, Museen, Heimatstuben und Baudenkmale miteinander und führt unter anderem über den rund sieben Kilometer langen Höhenzug „Langer Berg".

**„Solange es mir möglich ist, werde ich mich den Olitäten und den damit verbundenen Traditionen widmen."**

Der 2005 eröffnete, insgesamt 177 Kilometer lange „Olitätenrundwanderweg" ist nicht nur eine Herausforderung für sportliche Wanderer, sondern war auch für Heinz Liebermann „eine gewaltige Aufgabe, die es durchaus in sich hatte". Der Rundwanderweg (auch Olitätenlandweg genannt) ist heute auch ein Bildungsort, an dem die einzigartige Naturkulisse des Thüringer Waldes den prachtvollen Rahmen bietet für Kräutergärten und Lehrpfade, Museen und Ausstellungen zum Thema Kräuter und Olitäten. Der Einstieg in den Weg ist von den Wanderbahnhöfen Bechstedt-Trippstein, Sitzendorf, Cursdorf, Meuselbach-Schwarzmühle und Lichtenhain möglich, die allesamt zum Streckennetz der Oberweißbacher Berg- und Schwarzatalbahn gehören.

Die Fahrt mit der 1923 eröffneten Oberweißbacher Bergbahn ist ein besonderes Erlebnis. Die Talstation in Obstfelderschmiede verbindet die Schwarzatalbahn mit der Hochebene um Oberweißbach. Auf dem ersten Streckenabschnitt bis Lichtenhain überwindet die Standseilbahn eine maximale Steigung von 25 Prozent. Anschließend geht es auf einer elektrifizierten Strecke weiter bis nach Cursdorf.

DER THÜRINGER WALD IST EIN PARADIES FÜR WANDERER.

### Nächstes Ziel – UNESCO-Welterbe

Seit Anfang der 1990er-Jahre macht Heinz Liebermann als Thüringer Buckelapotheker Werbung für seine Heimat und ihre besonderen Traditionen. Seit 2019 ist er zudem Nachhaltigskeitsbotschafter für das Biosphärenreservat. Eines ist für ihn sicher: „Solange es mir möglich ist, werde ich mich den Olitäten und den damit verbundenen Traditionen widmen." Besonders am Herzen liegt ihm dabei die Anerkennung des „Laienpharmazeutischen Olitätengewerbes im Thüringer Wald" als Immaterielles Welterbe. Der erste Schritt ist gemacht, der Freistaat Thüringen hat die Olitäten aus dem Schwarzatal im Jahr 2018 für die Aufnahme in das bundesweite Kulturerbe-Verzeichnis vorgeschlagen.

AUSSICHT VOM SCHNEEKOPF

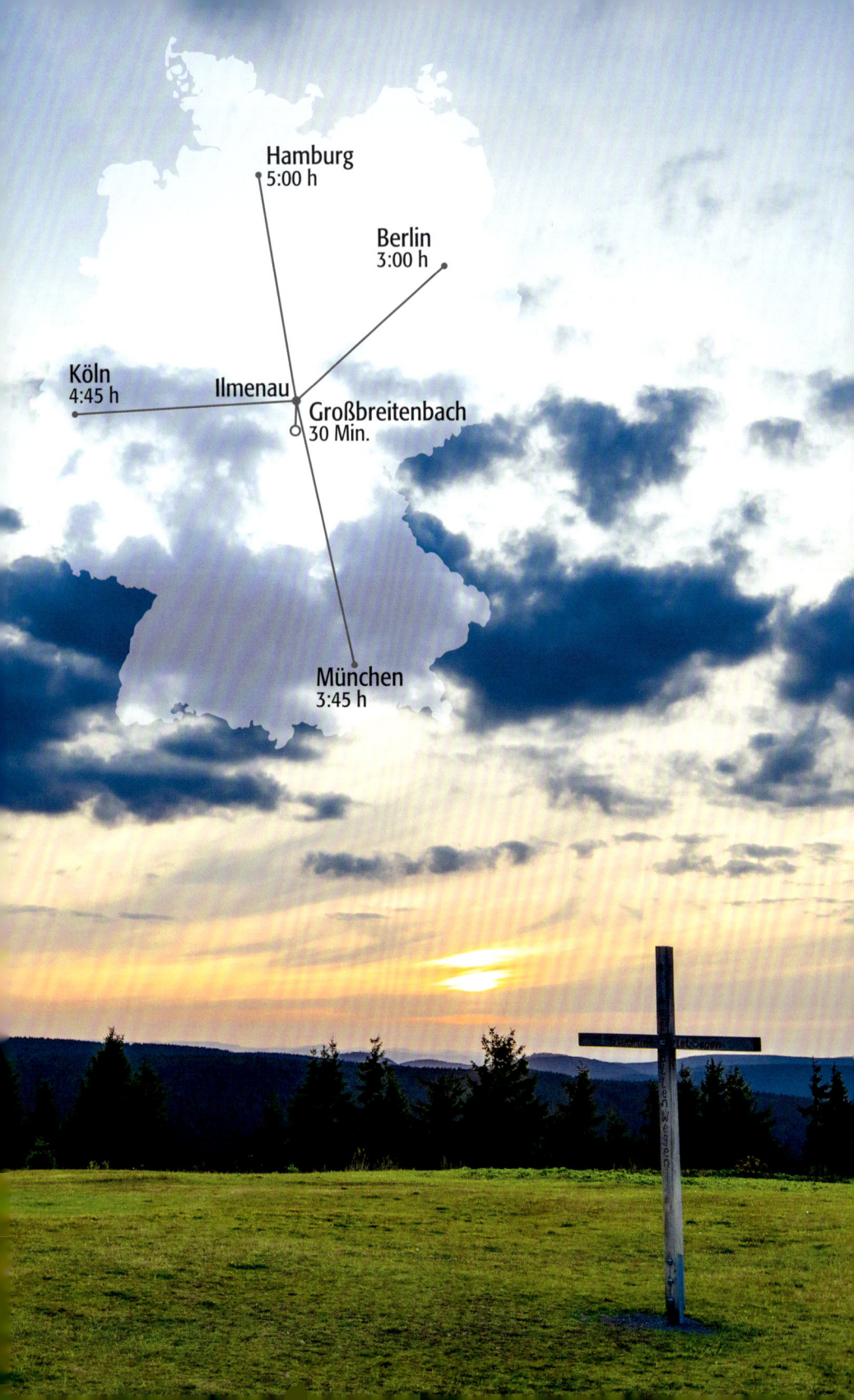

Hamburg
5:00 h

Berlin
3:00 h

Köln
4:45 h

Ilmenau

Großbreitenbach
30 Min.

München
3:45 h

### ANREISE

Bahnreisende profitieren von der zentralen Lage des Thüringer Waldes. Mit dem ICE und IC geht es bequem nach Erfurt, Eisenach, Gotha, Saalfeld und Lichtenfels. Von dort fahren Regionalbahnen zum Beispiel nach Illmenau und Busse weiter in die Region.

Als Rundtour führt der Gipfelweg 30 Kilometer durch den Thüringer Wald.

### MOBIL VOR ORT

Mit der Gästekarte „Rennsteig-Ticket" sind Übernachtungsgäste von 16 Orten kostenlos unterwegs in den Bussen vor Ort, in der Schwarztalbahn und am Wochenende im RennsteigShuttle, einer Bahnverbindung zwischen Erfurt, Ilmenau und dem Rennsteig. Zahlreiche Vergünstigungen sind inklusive.

### Weitere Infos

Weitere Informationen zu den Fahrtziel Natur-Gebieten unter *fahrtziel-natur.de*

Seit 2018 schmückt ein Gipfelkreuz den Schneekopf.

# 10 Wald für die Seele

Jürgen Dawo und
der Nationalpark Hainich

MIT JÜRGEN DAWO DEN WALD IN ALL SEINEN FACETTEN KENNENLERNEN.

Jürgen Dawo weiß, wovon er spricht, wenn er sagt: „Stille kennt heute keiner mehr." Der Unternehmer war zeit seines Lebens auf der Überholspur unterwegs, bis er 2014 einen Burn-out erlitt. Nach einer erfolgreichen Regenerationstherapie gründete er das WaldResort in Weberstedt, einer kleinen Gemeinde am östlichen Rand des Nationalparks Hainich. „Das WaldResort ist ein Ort der Stille, wo Menschen in herausfordernden Lebenssituationen Orientierung finden können", erklärt Dawo. Gemeinsam mit seinem Arzt aus der Regenerationstherapie hat er ein Konzept entwickelt, mit dessen Hilfe Burn-out und anderen stressbedingten Erkrankungen vorgebeugt werden soll.

Aufgewachsen ist Jürgen Dawo im schwäbischen Esslingen. Einer Ausbildung zum Steuerassistenten folgte ein Abschluss als Betriebsökonom am Management Institut St. Gallen. Nach einem Jahr als Mitarbeiter einer gemeinnützigen Baugenossenschaft machte er sich als Immobilienmakler selbstständig. 1991 zog der frühere Leichtathlet – seine Bestleistung im Weitsprung liegt bei respektablen 7,72 Meter – nach Hütscheroda, einem kleinen Dorf im Hainich. Dort sanierte er das aus dem 17. Jahrhundert stammende „Hotel zum Herrenhaus", wo er für einige Jahre wohnte. Das 2012 in Hütscheroda eröffnete Wildkatzendorf geht auch auf seine Initiative zurück.

## Waldbaden im Hainich

2003 ließ sich Jürgen Dawo zum Nationalparkführer ausbilden. Seitdem zeigt er den Menschen die Schönheit des Hainich, vor allem im Rahmen von Arrangements wie „Waldbaden pur" oder Seminarangeboten wie dem Leadership-Coaching „Innere Kraft und Klarheit wieder entdecken". „Beim ‚Waldbaden am Feensteig' erkennen unsere Gäste, welche Bedeutung der Wald für ihre Seele hat." Die Waldatmosphäre vermittle eine große Kraft, die sich auf Wanderer und Spaziergänger übertrage. „Wir gehen bewusst sehr langsam, die Teilnehmer sollen den Wald in all seinen Facetten kennenlernen." Dazu werden Bäume berührt und Verwurzelungsübungen in den Achtsamkeitsspaziergang eingebaut, im Gehen wird meditiert und der Geschmack von Bärlauch oder Scharbockskraut gekostet.

Natürlich kennt Dawo jene Stimmen, die vom Waldbaden als einer Mode sprechen und fragen, worin es sich von einem gewöhnlichen Waldspaziergang unterscheidet. „Nach meiner Erfahrung haben wir verlernt, mit unseren Sinnen wahrzunehmen, was um uns herum in der Natur passiert." Deshalb sei es für viele Menschen sinnvoll, den Wald „angeleitet" zu erleben. Mit dieser Auffassung ist er nicht allein: Auf Usedom wurde kürzlich der erste europäische Kur- und Heilwald eingeweiht. Das zur Charité gehörende Immanuel Krankenhaus plant einen Waldbadepfad direkt am Berliner Wannsee und auf der NRW-Landesgartenschau im Teutoburger Wald gehörten Waldbadekurse zum offiziellen Programm. In Japan übrigens gilt Shinrin-yoku („Baden in der Atmosphäre des Waldes") längst als anerkannte Therapie.

MOOS AUF GEFALLENEM BAUMSTAMM

DISTELBLÜTE

### Eine emotionale Erfahrung

Was fasziniert Jürgen Dawo am Hainich, dessen Buchenwälder 2011 als UNESCO-Weltnaturerbe geadelt wurden? Vor allem die Eigendynamik der Waldentwicklung: „Große Teile des Hainich, vor allem der ‚Kindel' im Süden, wurden über Jahrzehnte militärisch genutzt. Seit dem Abzug des Militärs im Jahr 1991 holt sich der Wald die kahlen Flächen nach und nach zurück." Und im bewirtschafteten

*„Nach meiner Erfahrung haben wir verlernt, mit unseren Sinnen wahrzunehmen, was um uns herum in der Natur passiert."*

Teil des Hainich, außerhalb des Nationalparks, wird seit Generationen eine naturnahe Waldbewirtschaftung praktiziert, nur einzelne Bäume werden gefällt. Diese nachhaltige Forstpraxis ist die Basis für einen ökologisch wertvollen Wirtschaftswald.

Als Nationalparkführer darf der 60-Jährige auch die sonst schwer zugänglichen Kernzonen betreten: „Das ist jedes Mal aufs Neue eine emotionale Erfahrung." Hier gibt es Bäume aller Arten und Altersklassen, eine Begegnung hat es ihm besonders angetan: „Solche Eschen wie im Hainich habe ich noch nirgendwo gesehen."

Der Hainich ist mit einer Fläche von rund 130 Quadratkilometern das größte zusammenhängende Laubwaldgebiet Deutschlands und Teil der UNESCO-Welterbestätte „Alte Buchenwälder". Im Schutz eines militärischen Sperrgebiets konnten sich hier Wälder mit der Buche als prägende Baumart entwickeln. Der südliche Teil wurde 1997 als Nationalpark ausgewiesen. Auf rund 75 Quadratkilometern wird die Natur weitgehend sich selbst überlassen. Neben der Wildkatze, von der rund 40 Exemplare durch den Nationalpark streifen, stehen seltene Vogelarten wie Mittelspecht, Baumfalke und Raubwürger sowie zahlreiche Orchideenarten für die Vielfalt im Nationalpark. Auch die Wartburg in Eisenach macht die Welterberegion zu einem besonderen Ausflugsziel.

**Wildkatzendorf und Baumkronenpfad**

Was kann Jürgen Dawo für den Besuch im Hainich empfehlen? Natürlich einen Abstecher ins Wildkatzendorf, an dessen Entstehung er maßgeblich beteiligt war und das heute unter anderem vom BUND Thüringen betrieben wird. „Als dort die Aussichtsplattform ‚Hainichblick' im Juni 2011 eröffnet wurde, war das ein toller Moment", erinnert er sich. Die Aussichtsplattform liegt am Wildkatzenpfad, einem Rundwanderweg, auf dem die Besucher ein echtes Wildkatzenrevier durchstreifen dürfen. In der Wildkatzenlichtung, einem naturnah gestalteten Gehege, können sie die Wildkatzen sowie zwei Luchse, die allesamt aus Wild- und Tierparken stammen, aus nächster Nähe beobachten.

Das Nationalparkzentrum an der Thiemsburg ist die ideale Vorbereitung, um den Nationalpark anschließend auf eigene Faust zu erkunden. Im Mittelpunkt der rund 700 Quadratmeter umfassenden Ausstellung „Entdecke die Geheimnisse des Hainich" stehen der Lebensraum Wald sowie eine Multivisionsbox mit einem Kurzfilm zur Wildkatze. Interaktive Austellungsmodelle lassen die Besucher mit allen Sinnen erleben. Eine begehbare Wurzelhöhle ermöglicht spektakuläre Einblicke in das Leben unter der Erde. Der direkt an der Thiemsburg gelegene Baumkronenpfad führt in zwei Schleifen von 238 und 308 Meter durch die Wipfel des Buchenwaldes. Der 44 Meter hohe Baumturm ermöglicht einen atemberaubenden Blick über den Buchenwald und das Thüringer Becken.

> *„Beim ‚Waldbaden am Feensteig' erkennen unsere Gäste, welche Bedeutung der Wald für ihre Seele hat."*

An der Entwicklung des Baumkronenpfades hat der Nationalparkführer ebenfalls mitgewirktt: „Ich war einer von vier privaten Investoren, die die Idee zum Laufen gebracht haben." Auch sonst engagiert sich Dawo stark für seine Wahlheimat, unter anderem als Leiter des StrategieForums Thüringen, einem Unternehmernetzwerk, und in der gemeinnützigen Gesellschaft zur Entwicklung des Nationalparks Hainich. Vielleicht möchte er auch deshalb zum Schluss ein geografisches Vorurteil ausräumen: „Wir sind hier nicht im Osten, sondern in der Mitte Deutschlands." Und die ist wunderschön.

JÜRGEN DAWO GENIESST DIE STILLE IM WALD.

Hamburg
3:45 h

Berlin
1:45 h

Bad Langensalza
40 Min.

Köln
3:35 h

Erfurt

München
2:15 h

### ANREISE

Über die ICE-Bahnhöfe Erfurt, Gotha und Eisenach geht es mit Bahn oder Bus weiter in den Nationalpark. Ideale Ausgangspunkte für einen Besuch im Hainich sind auch die Regionalbahnhöfe Bad Langensalza oder Mühlhausen (Thür).

MOOSE HABEN ES GERN FEUCHT UND WACHSEN BEVORZUGT AN DER WETTERSEITE DER BÄUME.

### MOBIL VOR ORT

Mit dem Umweltticket haben Gäste die Möglichkeit, an einem Tag ab Eisenach oder Bad Langensalza bis zur Thiemsburg und retour mit dem Bus zu fahren, den Baumkronenpfad zu besteigen und das Nationalparkzentrum zu besuchen. Mit dem Welterbeticket können Gäste über zwei Tage hinweg Bus fahren und die Wartburg (inkl. Führung), das Wildkatzendorf Hütscheroda sowie den Baumkronenpfad mit seinen Erlebniswelten (Nationalparkzentrum plus Wurzelhöhle) besuchen. Die Tickets sind in den Bussen vor Ort erhältlich.

### Weitere Infos

Weitere Informationen zu den Fahrtziel Natur-Gebieten unter

*fahrtziel-natur.de*

WANDERWEG DURCH DEN NATIONALPARK

Jörg Weber im Nationalpark
Sächsische Schweiz

Die Expertise von Jörg Weber in Sachen Nationalpark Sächsische Schweiz dürfte nur schwerlich zu übertreffen sein. „Ich war von Beginn an dabei" – als Mitarbeiter der Nationalparkverwaltung heute verantwortlich für die Bereiche Öffentlichkeitsarbeit und regionale Kooperationen, machte er nach dem Abschluss an einer Ingenieurschule bereits 1990 ein Praktikum im Nationalpark, unmittelbar nach dessen Gründung. Zuvor war er bereits im sogenannten „Aufbaustab Nationalpark" tätig.

„Es war eine wilde, aber auch schöne Zeit, wir hatten viele Freiheiten", erinnert sich der aus Pirna stammende Jörg Weber mit einem leichten Schmunzeln. Komfort war verzichtbar. „Wenn wir am Montag ein trockenes und warmes Büro haben wollten, mussten wir bereits am Sonntagabend die Heizung mit Kohle bestücken." Zunächst engagierte er sich für landwirtschaftliche Themen, rund um Fragen der Landschaftspflege und Renaturierungsmaßnahmen. Was ihm damals schon klar war: „Die Sächsische Schweiz hat einen ganz besonderen Status in der Region, sie ist wahnsinnig attraktiv für Touristen."

### Ein Gesamtkunstwerk

Die wilden Jahre sind lange vorbei, das Schutzgebiet hat sich längst als herausragende touristische Destination etabliert. Allein die Zahlen, die Jörg Weber aus dem Gedächtnis referiert, sprechen für sich: „Wir haben pro Jahr im Schnitt etwa 1,6 Millionen Übernachtungen und zwischen sechs und acht Millionen Tagesgäste im Elbsandsteingebirge." Der einzige Felsennationalpark in Deutschland sei damit in einer eher dünn besiedelten Region ein wichtiger Wirtschaftsfaktor, so Weber: „Akzeptanz muss trotzdem tagtäglich erarbeitet werden." Für Jörg Weber bietet die Natur im Nationalpark Anreize genug: „Wir brauchen hier keine neuen künstlichen Attraktionen und auch keinen Skywalk." In der Tat bilden die bizarren Felsformationen, Höhlen, tiefen Schluchten und dichten Wälder gemeinsam mit der tief eingeschnittenen Elbe auf einer Fläche von rund 93,5 Quadratkilometern ein Gesamtkunstwerk. Und ein Paradies für Wanderer, mit mehr als 400 Kilometern markierter Wege, Pfade und Steige. Betrachtet man die gesamte Nationalparkregion Sächsische Schweiz, also den Nationalpark mit dem umgebenden Landschaftsschutzgebiet, sind es sogar mehr als 1.000 Kilometer.

MALVENBLÜTE IM REGEN

DIE LANDSCHAFT VERÄNDERT SICH, DER BORKENKÄFER ARBEITET AN NEUEN BLICKBEZIEHUNGEN.

*„Wir brauchen hier keine neuen künstlichen Attraktionen und auch keinen Skywalk."*

### Berühmte Felsen und eine Straßenbahn

Die berühmteste Felsformation in der Sächsischen Schweiz ist sicherlich die Bastei – eine spektakuläre Felsenwelt, die von einer 1851 erbauten, 76,5 Meter langen Steinbrücke durchzogen wird. Fast 50 Meter ragt die Basteibrücke über den Abgrund. Die ursprüngliche Basteiaussicht ist aus Sicherheitsgründen im vorderen Teil derzeit gesperrt. Künftig soll eine neue, als „schwebender Steg" geplante Aussichtsplattform die Spitze der Bastei wieder zugänglich machen. Doch auch ohne Aussichtsplattform ist die Bastei „selbst bei schlechtem Wetter gut besucht", erzählt Jörg Weber. „Von hier aus, 180 Meter über der Elbe, bekommt man einen perfekten Gesamteindruck von der unverwechselbaren Schönheit der Region."

EINZIGARTIGE FELSFORMATIONEN MIT TEILWEISE ÜBER HUNDERT METER WANDHÖHE ...

Auch andere markante Punkte, wie der Ferdinandsfels und das Kanapee, bieten spektakuläre Weitblicke. Auf eine andere Artaufsehenerregend ist die acht Kilometer lange Fahrt durch die Felsenlandschaft mit der 1898 eröffneten Kirnitzschtalbahn zwischen dem Kurpark von Bad Schandau und dem Lichtenhainer Wasserfall. Von den Stationen dieser weltweit einzigen Straßenbahn in einem Nationalpark führen Wanderwege zu unbedingt empfehlenswerten Zielen, wie dem Kleinen und dem Großen Winterberg, den Affensteinen oder dem Kuhstall, einem elf Meter hohen Felsentor am berühmten Malerweg. Der Kuhstall ist eines der berühmten „Schwedenlöcher" – hier haben die Einheimischen während des Dreißigjährigen Krieges ihr Vieh vor den marodierenden schwedischen Soldaten versteckt.

... PRÄGEN DAS ELBSANDSTEINGEBIRGE.

*„Bizarre Felsen, wilde Schluchten"* – das Motto des Nationalparks Sächsische Schweiz beschreibt nicht nur die Schönheit des Elbsandsteingebirges, sondern benennt auch die Lebensräume seltener Tiere und Pflanzen. Der weißblühende Sumpfporst und das Zweiblütige Veilchen sind hier ebenso zu finden wie der Sperlingskauz und der Wanderfalke. Das NationalparkZentrum in Bad Schandau vermittelt mit wechselnden Ausstellungen sowie einer großen Multivisionsschau einzigartige Eindrücke aus dem Schutzgebiet.

nationalpark-saechsische-schweiz.de

### Solche und solche Romantik

Die Sächsische Schweiz gilt als Landschaft für Romantiker. Doch von Romantik habe mittlerweile wohl jeder seine eigene Vorstellung, sagt Jörg Weber: „Manche Besucher gehen nachts wandern, weil sie alleine sein wollen – und geraten dabei natürlich auch abseits der Wege. Und wir hatten auch schon den Fall, dass in der Kernzone des Nationalparks Dessous-Fotos aufgenommen wurden."

> **„Von hier aus, 180 Meter über der Elbe, bekommt man einen perfekten Gesamteindruck von der unverwechselbaren Schönheit der Region."**

Doch auch jenseits solcher Auswüchse stellt der Besucherandrang die Nationalparkverwaltung vor große Herausforderungen, vor allem bei den Themen Müll und Individualverkehr. „Wir versuchen, aus den Erfahrungen zu lernen und unsere Gäste immer effektiver zu informieren." Dazu gehört zum Beispiel auch die Empfehlung, für den Besuch des Nationalparks auf Alternativen zum Wochenende oder zu Feiertagen auszuweichen – und natürlich, auf das Auto zu verzichten. Das sei auch im Interesse der Besucher, so Weber: „Manchmal dauert die Parkplatzsuche länger als die Anreise."

FÄHRE AUF DER ELBE IN RICHTUNG BAD SCHANDAU

SOMMERBOTEN – EIN SONNENBLUMENFELD

### Beharrlichkeit und Pragmatismus

„Jörg Weber bewegt hier unheimlich viel, gerade auch beim Thema ÖPNV", sagt Tino Richter, Geschäftsführer des Tourismusverbandes Sächsische Schweiz, über den 56-Jährigen. Der habe mit Beharrlichkeit und Pragmatismus viel erreicht, wie die Einführung der Marke „Wanderbus" für zwölf besonders attraktive touristische Linien oder die Einstellung eines Mobilitätsmanagers, der sich um nachhaltige Mobilitätslösungen in der Region einsetzt. Auch die Koordination des gemeinsamen Mobilitätsangebotes mit dem benachbarten tschechischen Nationalpark Böhmische Schweiz sei vor allem Jörg Weber zu verdanken, so Richter. Auch auf Webers Initative zurück geht der 2014 erstmals herausgegebene zweisprachige, grenzüberschreitende Streckennetzplan.

Als Verfechter des sanften und naturschonenden Reisens hat Jörg Weber zuletzt noch eine dringende Bitte an künftige Besucherinnen und Besucher der Sächsischen Schweiz: „Bitte steigt in den Zug, ob in Hamburg, Wien oder Prag, und fahrt direkt zum Nationalparkbahnhof nach Bad Schandau." Dieser wurde 2012 auch von der Allianz pro Schiene zum „Bahnhof des Jahres" in der Kategorie Tourismus gekürt.

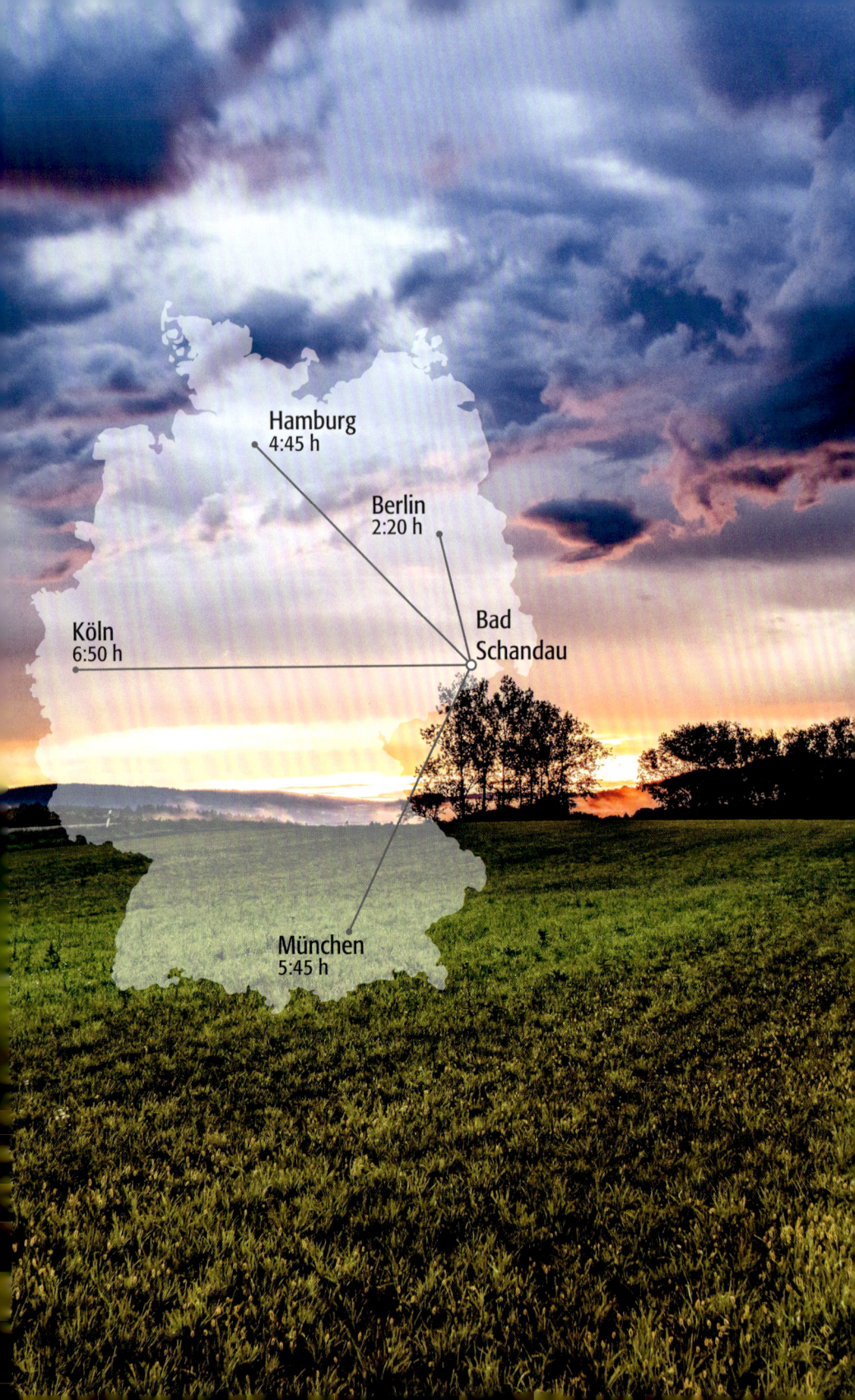

Hamburg
4:45 h

Berlin
2:20 h

Köln
6:50 h

Bad
Schandau

München
5:45 h

### ANREISE

Der zweistündliche Eurocity Hamburg-Berlin-Prag hält direkt am Nationalparkbahnhof Bad Schandau. Von den ICE-Bahnhöfen Dresden oder Leipzig erreichen Sie das Elbsandsteingebirge bequem mit dem Nahverkehr.

WEITBLICK ÜBER DIE SÄCHSISCHE SCHWEIZ

### MOBIL VOR ORT

Der Nationalparkbahnhof Bad Schandau dient als zentrale Anlaufstelle für nachhaltige, grenzüberschreitende Mobilität in der Nationalparkregion Sächsisch-Böhmische Schweiz. Die 11 Linien der Wanderbusse garantieren dabei eine nahtlose Verbindung zu den verschiedenen Wanderzielen. Die Nationalparkbahn verbindet im Zweistundentakt Sachsen mit Böhmen. Eine perfekte Übersicht vermittelt der jährlich erscheinende touristische Fahrplan, inklusive des gemeinsamen Streckennetzplans, jeweils in deutscher und tschechischer Sprache.

### Weitere Infos

Weitere Informationen zu den Fahrtziel Natur-Gebieten unter

*fahrtziel-natur.de*

FARBSPIEL DES SONNENAUFGANGS

**Harald Bardenhagen
und der Nationalpark Eifel**

Es ist eine klare und kalte Nacht in der Eifel. Auf einer Waldwiese nahe des Nationalpark-Besucherzentrums Vogelsang steht eine kleine Gruppe und hört den Ausführungen von Harald Bardenhagen zu. Zuvor haben die Sternenfreunde durch zwei riesige Teleskope und einen großen Feldstecher in den Himmel geschaut und über die Schönheit des Sternenhimmels gestaunt.

### „Den ersten Blick hoch zum Mond habe ich im Alter von acht Jahren mit einem Fernglas gemacht."

Und sie haben erfahren, wie lange das Licht mancher Sterne auf seinem Weg zur Erde benötigt: „Dieser Stern ist etwa 20 Lichtjahre entfernt. Das ist die Strecke, die das Licht bei einer Geschwindigkeit von 300.000 Kilometer pro Sekunde in 20 Jahren zurücklegt, so etwa 200 Billionen Kilometer. Überlegen Sie mal, was Sie vor 20 Jahren gemacht haben. Zu dieser Zeit ist das Licht des Sterns, das jetzt in unsere Augen fällt, an dessen Oberfläche abgestrahlt worden!"

## Murmeln und Sterne

Anschließend holt Bardenhagen seinen „Klingelbeutel" hervor und jeder Exkursionsteilnehmer soll zwei Dinge herausholen. Es handelt sich um 14 Millimeter große Glasmurmeln – eine stellt die Sonne dar, die andere den Stern Alpha Centauri, der unserer Erde zweitnächste Stern in einer Entfernung von etwa 4,3 Lichtjahren. „Was denken Sie, wie weit müssen Sie die beiden Murmeln auseinanderbringen, um die Größe der Sterne und deren Abstand ins richtige ‚Murmel'-Verhältnis zueinander zu bringen?", lautet die nächste Frage Bardenhagens. Die Antwort wird hier nicht verraten, dürfte aber alle Nichtastronomen überraschen.

Harald Bardenhagen, der die Astronomie-Werkstatt „Sterne ohne Grenzen" (sterne-ohne-grenzen.de) und die Sternwarte auf dem Internationalen Platz Vogelsang IP im Nationalpark Eifel leitet, ist nicht nur ein fachlich ungemein versierter Experte, sondern auch ein begnadeter Vermittler. Woher hat er das? „Ich habe zunächst Sozialarbeit/Sozialpädagogik studiert und sieben Jahre freiberuflich in der Jugend- und Erwachsenenbildung gearbeitet. Schon damals musste ich kreativ sein und mit spielerischen Elementen arbeiten, um mit meinen Anliegen durchzudringen", erzählt Bardenhagen. Auch in seinem zweiten Job als IT-Systemberater sei es vor allem auf kommunikative Fähigkeiten angekommen.

## Neuanfang

2009 reifte dann der Gedanke, dass es noch etwas anderes geben müsse als Bits und Bytes. Harald Bardenhagen beschloss, einer alten Passion wieder mehr Raum zu geben – der Astronomie. „Den ersten Blick hoch zum Mond habe ich im Alter von acht Jahren mit einem Fernglas gemacht, das ich von meinem Onkel ausgeliehen hatte." Als Neunjähriger sammelte er sämtliche Zeitungsartikel über die Vorbereitungen zur ersten Mondlandung, sein erstes Teleskop bezahlte er von seinem Konfirmationsgeld.

Im stolzen Alter von 53 Jahren studierte Harald Bardenhagen Astronomie und arbeitete zunächst als selbstständiger Dozent. Seit 2014 betreibt er die Sternwarte seiner Astronomie-Werkstatt und zeigt Interessierten in knapp Hundert – zumeist ausverkauften – Veranstaltungen pro Jahr den Sternenhimmel über dem Nationalpark Eifel. Denn der ist seit April 2019 als „Internationaler Sternenpark" auch

ein offiziell anerkanntes Schutzgebiet für den sternenreichen Nacht-himmel und für natürliche Nachtlandschaften. Eine Auszeichnung der International Dark Sky Association, auf die Harald Bardenhagen gemeinsam mit vielen Mitstreitern hingearbeitet hatte.

## Zappenduster

Ein großes Thema der IDA ist die sogenannte Lichtverschmutzung – intensives künstliches Licht in der Nacht durch Laternen, Scheinwerfer und andere Lichtquellen. Das habe enorm negative Auswirkungen auf Menschen und Tiere, erklärt Bardenhagen: „Die Menschen benötigen Dunkelheit für einen gesunden Schlaf. Ohne Dunkelheit kann sich das überlebenswichtige Steuerhormon Melatonin nicht bilden und wichtige nächtliche Zellreparaturprozesse werden behindert. Außerdem sind helle Lampen, besonders mit blauen Lichtanteilen, eine tödliche Falle für Fluginsekten und andere Lebewesen wie Fledermäuse."

Aus diesem Grund haben Harald Bardenhagen und seine Mitstreiter in den Kommunen rings um den Nationalpark dafür geworben, die nächtliche Beleuchtung umzustellen – wenig Blauanteile, punktgenaue

Nur 65 Kilometer südwestlich von Köln gelegen, ist der Nationalpark Eifel mit seinen artenreichen Wiesen, Laubwäldern, schroffen Felsen, Bächen und Seen ein echtes Naturparadies. Etwa 1.000 Wildkatzen durchstreifen die Landschaft und der imposante Rothirsch hat hier einen seiner bundesweit bedeutendsten Populationen. Bis heute wurden mehr als 8.000 Tier- und Pflanzenarten im Nationalpark Eifel nachgewiesen. Davon stehen gut 1.900 auf der Roten Liste, gelten also als gefährdet oder vom Aussterben bedroht. Den besten Einstieg in den Nationalpark finden Gäste über das Nationalpark-Zentrum Eifel und seine Erlebnisausstellung „Wildnis(t)räume" am Internationalen Platz Vogelsang IP.

Strahlung zum Boden hin, wenig Streuung oder kompletter Verzicht auf die Beleuchtung von Gebäuden. Die Gemeinde Heimbach geht mit gutem Beispiel voran, hat vor der Neuanschaffung von Straßenlampen den Rat des „Sternenkriegers" Harald Bardenhagen eingeholt und lässt die Beleuchtung der Burg Hengebach nur bis 23 Uhr an. „Weitere Gemeinden werden folgen", zeigt sich Bardenhagen überzeugt: „Wir stoßen zunehmend auf offene Ohren. Sogar Städte aus dem Ruhrgebiet fragen an, wie man Licht sinnvoller und schonender einsetzen kann."

### Komischer Kleiderbügel

Offene Ohren und vor allem Augen haben auch die Teilnehmer und Teilnehmerinnen der gut zweistündigen Sternenwanderung. Nach der Begrüßung per Handschlag erfahren sie, dass es auf dem Gelände wirklich dunkel sein muss – keine Taschenlampen und auch keine leuchtenden Handydisplays. Anschließend wird beobachtet, „was der Himmel und der Abend hergeben".

FASZINATION STERNENHIMMEL

HARALD BARDENHAGEN UND SEIN EQUIPMENT

Aber auch Basiswissen über bekannte Sternbilder vermittelt der 62-jährige Astronom seinen Gästen: Woran erkenne ich den Großen Wagen und wo leuchtet der Polarstern? Ist er tatsächlich so hell, wie die meisten von uns vermuten? Und was hat es mit dem „Kosmischen Kleiderbügel" auf sich? Harald Bardenhagen kann endlos über den Himmel, die Sterne und unzählige astronomische Phänomene erzählen – langweilig wird es nie.

> *„Der Nationalpark Eifel ist mit seinen artenreichen Wiesen, Laubwäldern, schroffen Felsen, Bächen und Seen ein echtes Naturparadies."*

### Positive Gefühle

Ohnehin hat er die Erfahrung gemacht, dass sich sehr viele Menschen für sein Leib- und Magenthema interessieren: „Als ich während eines Sommerurlaubs auf einem französischen Campingplatz meine Teleskope aufgebaut habe, war ich plötzlich von 50 Einheimischen umringt, die genau wissen wollten, was ich da mache. Ich habe es ihnen erklärt, ohne ein Wort Französisch zu können."

Oder in Teheran, als er einer Einladung persischer Amateur-astronomen zu einem Vortrag folgte und eine kleine Gruppe erwartete – „im Hörsaal waren dann 1.500 Menschen". Das Thema löse bei den meisten Menschen positive Gefühle aus, resümiert er: „Astronomie bringt die Menschen zusammen."

Hamburg
5:15 h

Berlin
5:30 h

Internationaler Platz
Vogelsang IP  25 Min.
Kall

München
5:50 h

### ANREISE

Die Eifel ist mit der Bahn über den Fernverkehrsknoten Köln gut erreichbar. Von dort fahre Regionalzüge weiter bis zum Bahnhof Kall. Mit dem Regionalverkehr reisen Gäste am besten über Düren und Euskirchen an.

VICTOR-NEELS-BRÜCKE

### MOBIL VOR ORT

Mit der GästeCard können Übernachtungsgäste in teilnehmenden Betrieben in der Erlebnisregion Nationalpark Eifel sämtliche Busse und Bahnen im Gebiet des Verkehrsverbundes Rhein-Sieg (VRS) und des Aachener Verkehrsverbundes (AVV) ohne Zusatzkosten nutzen. Darüber hinaus erhalten sie attraktive Ermäßigungen bei zahlreichen Sehenswürdigkeiten und Freizeiteinrichtungen der Region – wie etwa beim Besuch der Astronomie-Werkstatt oder des Erlebnismuseums „Lernziel Natur" in Monschau. Die GästeCard gilt für die gesamte Aufenthaltsdauer.

### Weitere Infos

Weitere Informationen zu den Fahrtziel Natur-Gebieten unter
*fahrtziel-natur.de*

BLICK VOM INTERNATIONALEN PLATZ
VOGELSANG IP AUF DEN URFTSTAUSEE

Iris Dorn-Fehr und der
Nationalpark Kellerwald-Edersee

Bei ihren Führungen schlüpft Iris Dorn-Fehr oft in die Rolle von historischen Personen, zum Beispiel die der „Grasbergfrau". Diese durfte vor rund 300 Jahren, als der Kellerwald noch sehr viel karger war als heute, gegen ein paar Groschen im Wald für ihre Ziegen Gras rupfen. Dabei herrschten strenge Regeln: Keinesfalls durfte sie Himbeeren pflücken und auch die Größe des Tuches, in dem das Gras verstaut wurde, war streng reglementiert. Manchmal sei darin dennoch ein gewilderter Hase versteckt gewesen, so Dorn-Fehr: „Dann durfte die Grasbergfrau den Förster nicht zu freundlich grüßen, das hätte dessen Verdacht geweckt."

Weitere Rollen der Nationalparkführerin sind eine Schweinehirtin oder Marie, Magd des fürstlichen Oberförsters Karl Kruhöffer, die als Zeichen für die Abwesenheit ihres Dienstherrn die Bettwäsche aus dem Fenster hängte. So wussten potenzielle Wilderer, ob die Luft rein war. Und es wurde viel gewildert im 19. Jahrhundert: „Die Menschen haben oft Hunger gelitten."

Iris Dorn-Fehr hat sich intensiv mit der Lokalhistorie beschäftigt und schöpft so aus einem unbegrenzten Fundus von Geschichten und Anekdoten rund um den Wald und die Menschen aus den vorherigen Jahrhunderten. Bei ihren Führungen trägt sie die zum jeweiligen Thema passende Kleidung – woher hat sie die? „Ich habe Zeitungsanzeigen aufgegeben und war ganz erstaunt, wie viele Menschen noch Kleidungsstücke aus früheren Zeiten daheim haben." Und die meisten wollten noch nicht einmal etwas dafür haben, sondern hätten ein ganz spezielles Interesse geäußert: „,Ich borge Ihnen das lebenslang, möchte aber unbedingt mehr darüber wissen, was Sie damit machen'."

## Als die Bäume laufen lernten

Die zertifizierte Natur- und Landschaftsführerin ist im Nationalpark die Spezialistin für Exkursionen in die Regionalgeschichte. Und die kann mitunter sehr weit zurückreichen, etwa bei der dreistündigen Exkursion „Als die Bäume laufen lernten", die vom Verschwinden der Buchen in der Eiszeit und ihrer späteren Rückkehr handelt.

*„Dann durfte die Grasbergfrau den Förster nicht zu freundlich grüßen, das hätte dessen Verdacht geweckt."*

Oder bei der Spurensuche rund um die 2006 neu erbaute Quernst-Kapelle. Hier, auf einem Hochplateau mitten im Wald gelegen, stand über Jahrhunderte hinweg die große Quernstkirche, in der in vorchristlicher Zeit heidnische Rituale stattgefunden haben sollen. Auf der Wanderung dorthin, die am Nationalparkeingang KellerwaldUhr in Frankenau startet, erleben die Teilnehmer, welche Kraft die Natur entfaltet. Wo ein Sturm vor einigen Jahren zahlreiche Fichten und Buchen fällte, entsteht heute – ohne menschliches Zutun – ein neuer Wald.

STÜCK FÜR STÜCK BEDECKT MOOS
DIE ROTBRAUNEN DACHZIEGEL.

MORGENSTIMMUNG ÜBER DEM NATIONALPARK

MORGENSTIMMUNG ÜBER DEM NATIONALPARK

## Äpfel und Gold

Iris Dorn-Fehr wohnt im Apfeldorf Affoldern unweit des Edersees. Der Ortsname rührt vom althochdeutschen „Affoltra" (Apfelbaum) her, da hier seit dem Mittelalter Apfelbäume angepflanzt werden. In Affoldern startet auf dem Goldgräberpfädchen die Wanderung „Goldspur" rund um den Rabenstein, einen von 52 Bergen im Nationalpark. Mit den Teilnehmerinnen und Teilnehmern geht es dabei auf Schatzsuche. In der Eder und ihren kleineren Zuflüssen wurde früher nämlich Gold gesucht und auch gefunden – ist das heute noch möglich? Wie entsteht dieses edle Metall und was verbirgt sich hinter „Mundlöchern" und „Pingen"? Antworten erhalten Interessierte bei der Exkursion.

Der Weg hinauf zum Rabenstein führt vorbei an alten, mit Moos bewachsenen Eichen und Buchen – bis zu 300 Jahre alte, urige Baumgestalten, die auch dazu beigetragen haben, dass der Nationalpark Kellerwald-Edersee seit 2011 zum UNESCO-Weltnaturerbe zählt. In diesem Teil des Schutzgebietes wird deutlich, was das Motto „Natur Natur sein lassen" tatsächlich bedeutet – und wie wichtig Quellen und Bäche für das Leben im Nationalpark sind. „Es gibt hier rund 1.000 Quellen", erklärt Iris Dorn-Fehr, „der Lebensraum von mehr als 800 Arten." Sind Grundwasserflohkrebs oder Alpenstrudelwurm für das menschliche Auge noch schwer zu entdecken, wird es im weiteren Bachverlauf mit Wasseramsel, Eisvogel und Bachforelle immer lebendiger. „Die klaren Bäche sind auch die Kinderstube des Feuersalamanders, der bei uns noch recht häufig vorkommt", so die Nationalparkführerin.

IRIS DORN-FEHR ALS GRASBERGFRAU

Der Nationalpark Kellerwald-Edersee liegt in Nordhessen, südwestlich von Kassel. Seine alten Buchenwälder sind seit 2011 Teil des UNESCO-Weltnaturerbes. Die Nordgrenze des Nationalparks bildet der Edersee, mit 27 Kilometern Länge einer der größten Stauseen Europas. 52 Berge und Hügel, urige Baumriesen, kristallklare Bäche sowie steile Felsen prägen das Bild des Schutzgebietes. Die Artenvielfalt ist überwältigend, unter anderem wurden sechs Specht-, 15 Fledermaus-, 19 Libellen- und 854 Schmetterlingsarten nachgewiesen. Zwanzig Rundwanderwege führen durch den Nationalpark. Jede Strecke ist durch ein Tier- oder Pflanzensymbol gekennzeichnet.

### Zu Pferd nach Korbach

Seit mehr als 20 Jahren setzt sich die 70-Jährige für ihre Heimat und deren Schutz ein. So war sie bereits 1997 mit dabei, als ihre Freunde auf einem Sternritt von ihrem Heimatort Affoldern aus nach Korbach ritten, um für das neue Schutzgebiet zu demonstrieren und dem Kreistag mehr als 12.000 Unterschriften „pro" Nationalpark zu übergeben. „Damals gab es noch eine starke Gegnerschaft", erzählt sie, „vor allem aus Angst davor, den Wald nicht mehr nutzen zu dürfen." Die Fronten seien sogar mitten durch manche Familie gegangen. Nachdem der BUND Hessen bereits 1986 die Gründung eines Nationalparks angeregt hatte, hielten sich Befürworter und Gegner 18 Jahre lang die Waage, bis zum Jahreswechsel 2004 der Nationalpark Kellerwald-Edersee endlich eingeweiht wurde.

*„Die Vielfalt und der ständige Wechsel zwischen dichtem Wald, steilen Hängen und plötzlichen Seeblicken sind einmalig."*

„Seither haben sich die Wogen geglättet", sagt Iris Dorn-Fehr. Dazu habe vor allem die Ernennung zum Weltnaturerbe beigetragen. Sowie die Entscheidung, den weithin bekannten Edersee in den Namen des Nationalparks zu integrieren. „Der Kellerwald war für viele Menschen dann doch kein Begriff." Und wer heute einmal durch den Nationalpark wandert, der muss nicht mehr von dessen Schönheit und Schutzwürdigkeit überzeugt werden: „Die Vielfalt und der ständige Wechsel zwischen dichtem Wald, steilen Hängen und plötzlichen Seeblicken sind einmalig."

IRIS DORN-FEHR IN IHREM REVIER

## Topfit mit 70

Bei ihren Führungen ist die Lokalhistorikerin auch viel mit Kinder-
gruppen und Schulklassen unterwegs. „Wir verknüpfen kurze
Wanderungen mit Spielen, die den Kindern das Leben im Nationalpark nahebringen." Dabei hat sie festgestellt, dass sich immer
weniger Kinder in der Natur auskennen. „Einige waren noch nie in
ihrem Leben im Wald." Das möchte die Nationalparkführerin ändern:
„Nur wenn die Kinder die Natur lieben lernen, werden sie sie später
auch schützen." Wie lange will die 70-Jährige noch in verschiedene
Rollen schlüpfen, um jungen wie alten Menschen die Schönheit des
Nationalparks nahezubringen? „So lange es geht", schmunzelt sie,
„bisher laufe ich selbst den Kindern noch locker davon."

URIGE ALTE BÄUME IM NATIONALPARK

Hamburg
2:10 h

Berlin
2:45 h

Kassel Wilhelmshöhe
1:00 h

Bad Wildungen

Köln
2:45 h

München
3:15 h

### ANREISE

Vom ICE-Bahnhof Kassel-Wilhelmshöhe geht es mit dem Nahverkehr nach Korbach und Bad Wildungen – Ausgangspunkte für Entdeckungsreisen in den Nationalpark. Von Marburg oder Korbach aus fährt die Kurhessenbahn regelmäßig über Vöhl-Herzhausen direkt in den Nationalpark.

COWBOYHUT MIT FEDERN VOM EICHELHÄHER

### MOBIL VOR ORT

Bei teilnehmenden Gastgebern der Nationalparkregion gibt es nach Ankunft die Gästekarte „MeineCard". Mit dieser All-inclusive-Karte genießt man nordhessenweit freie Fahrt mit Bussen, Bahnen und den Anruf-Sammel-Taxis (AST). Zusätzlich gibt es freien Eintritt in über 120 Freizeitbetrieben in der Nationalparkregion sowie in ganz Nordhessen, etwa im Kasseler Naturkundemuseum oder dem WildtierPark Edersee.

### Weitere Infos

Weitere Informationen zu den Fahrtziel Natur-Gebieten unter
*fahrtziel-natur.de*

DIE WOOGHÖLLE

**Michael Reinboth
im Nationalpark Harz**

Für Michael Reinboth ist mit der Einführung des Harzer Urlaubs-Tickets HATIX im Westharz ein lang gehegter Wunsch in Erfüllung gegangen. Jahrelang habe ich mir die Finger wund geschrieben, doch jetzt hat es endlich geklappt." Seit dem 1. Januar 2020 können Urlauber auf vielen Strecken in den Landkreisen Goslar und Göttingen mit dem Fahrschein kostenlos Busse oder Straßenbahnen vor Ort nutzen. Eine überfällige Entscheidung, denn nicht nur Touristen dürften sich darüber gewundert haben, dass ausgerechnet im Harz an der ehemaligen deutsch-deutschen Grenze immer noch Schluss war mit der freien Fahrt.

Der ehrenamtliche Sprecher der von acht Verbänden und Vereinen sowie vielen engagierten Bürgern getragenen Initiative „Höchste Eisenbahn für den Südharz" kennt die Gründe, warum sich einige Gemeinden im Westharz mit der HATIX-Einführung schwergetan haben. So würden sich viele Kommunalpolitiker nicht sonderlich für den ÖPNV interessieren und lieber ihre Vorurteile pflegen: „‚Wer fährt denn damit? Man kommt doch nirgendwo hin' – wie oft habe ich das gehört", sagt der 67-Jährige. Zudem seien die Kommunen im Harz finanziell nicht auf Rosen gebettet, so hätte die Erhöhung des Gästebeitrags zur HATIX-Finanzierung um 25 bis 30 Cent manchen Verantwortlichen abgeschreckt.

Letztendlich überzeugten die grundlegenden Vorteile des HATIX: „Die Fahrgastzahlen steigen, mehr Menschen besuchen die beteiligten Orte und nutzen die Infrastruktur. Und schließlich werden die Kurorte vom Individualverkehr und den daraus resultierenden Umweltproblemen entlastet."

### Bahnfan von klein auf

Michael Reinboth musste nicht von den Vorzügen eines gut funktionierenden öffentlichen Verkehrssystems überzeugt werden. Er ist Fan seit seiner frühesten Kindheit, hat bei seinem Opa auf den Schultern gesessen, um eine Dampflok vorüberfahren zu sehen. „Und als Schüler habe ich meine erste Jahresarbeit über die Bahn geschrieben." In seiner Zeit im Odenwald setzte er sich für die Rettung und Weiterentwicklung der von der Stilllegung bedrohten Odenwaldbahn ein – mit Erfolg: „Heute ist das ein blühender Betrieb."

> *„Wir haben richtig genervt, irgendwann politischen Rückenwind bekommen und schließlich Zug um Zug Verbesserungen erwirkt."*

Eine ähnliche Situation fand der Bahnfan im Südharz vor, seiner heutigen Heimat. Die Bahnverbindung zwischen Northeim und Nordhausen, zu deren 150. Geburtstag am 1. August 2019 Reinboth eine umfangreiche Chronik veröffentlichte, schien dem Verfall preisgegeben. Mit der Initiative „Höchste Eisenbahn für den Südharz" trommelte er für den Erhalt der traditionsreichen Strecke Unterstützung zusammen: „Wir haben richtig genervt, irgendwann politischen Rückenwind bekommen und schließlich Zug um Zug Verbesserungen erwirkt." Heute verkehrt auf seiner Haus- und Hofstrecke – „ich kenne da jede Schwelle" – ein Regionalzug im Stundentakt.

ERFOLGREICHER EINSATZ FÜR DIE BAHNVERBINDUNG NORTHEIM – NORDHAUSEN

## Vielfach engagiert

Reinboth ist ein engagierter Bürger im besten Sinne. In seinem Wohnort gibt er das Internet-Bürgerblatt „Walkenrieder Nachrichten" heraus und ist im Vorstand des Vereins „Wir Walkenrieder", der dazu beitragen will, das Leben in der Südharz-Gemeinde auf allen Ebenen zu verbessern. Er setzt sich aber nicht nur für den Südharz ein, sondern als Präsident des „Freundeskreises der Franckeschen Stiftungen" auch in seiner alten Heimat Halle (Saale). Hier war er zwischen 2004 und 2008 als Projektleiter für das neue Drehkreuz der Post-Tochter DHL am Flughafen Leipzig/Halle verantwortlich.

Seine Hartnäckigkeit ist eine Eigenschaft, die Michael Reinboth auch bei einem eher außergewöhnlichen „Hobby" zugutekommt. Er erstellt Fahrpläne und Kursbücher. Los ging es mit einem Busunternehmer aus Braunlage, der ihn um Unterstützung bat. Er willigte ein, sah sich aber vor knifflige Fragen gestellt: „Wie berücksichtigen wir den Schülerverkehr oder spezielle touristische Interessen?" Offensichtlich funktionierte das Vorhaben gut, heute bedient das Busunternehmen drei große Linien.

Das Opus Magnum von Reinboth und seinen Mitstreitern ist sicher das jährlich herausgegebene „Harz-Kursbuch" – 245 Seiten prall gefüllt mit Fahrplaninformationen und zahlreichen Freizeittipps. „Viel Arbeit", sagt Michael Reinboth, die sich aber lohne: „Ich wage mal die Behauptung, dass wir einen besseren Überblick liefern als das Internet."

Wälder, schroffe Felsen, klare Bäche und uralte, gut erhaltene Hochmoore – im Nationalpark Harz im Schatten des majestätischen Brockens sind Luchs und Wildkatze zu Hause und Natur darf wieder Natur sein. Besonders schön ist es im Frühjahr, wenn der Boden in den Buchen-Fichten-Mischwäldern mit dichtem Grün bedeckt ist. Das vom BUND Niedersachsen, der Gesellschaft zur Förderung des Nationalparks Harz sowie der Berg- und Universitätsstadt Clausthal-Zellerfeld getragene Nationalpark-Besucherzentrum TorfHaus, direkt am Nationalparkdenkmal gelegen, ist der ideale Ausgangspunkt für Exkursionen in die Wildnis des Harzes.

nationalpark-harz.de

### Alle Freiheiten

Als schönste Strecke im Südharz bezeichnet der Fahrplan-Experte die Verbindung zwischen Bad Harzburg und Walkenried, „durch das Herzstück des Nationalparks". Mit dem HATIX hat man alle Freiheiten, kann die Schönheit des Harzes genießen und ein- und aussteigen, wo man möchte. Natürlich geht es manch einem auf dieser Buslinie nicht schnell genug voran. „Denen sage ich immer: ‚Leute, Ihr macht Urlaub!'" Entschleunigung und Naturgenuss stehen auch im Vordergrund, wenn Michael Reinboth dem Brocken einen Besuch abstattet. Die meisten Menschen ließen sich von der Brockenbahn hochfahren – er hingegen fährt mit dem Bus bis Torfhaus, läuft hinauf zum Gipfel, steigt hinab nach Bad Harzburg und fährt mit dem Bus wieder heim: „Kein Problem für die Harzgäste mit HATIX."

*„Mit dem HATIX hat man alle Freiheiten, kann die Schönheit des Harzes genießen und ein- und aussteigen, wo man möchte."*

MICHAEL REINBOTH BLÄTTERT IM JÄHRLICH VON IHM HERAUSGEGEBENEN HARZ-KURSBUCH.

DER OKERSTAUSEE IST BIS ZU 65 METER TIEF.

Torfhaus ist auch ein guter Ausgangspunkt für eine Wanderung hinauf zur Wolfswarte, dem Gipfel des mehr als 900 Meter hohen Bruchbergs. „Ein tolles Klippengebiet mit fantastischen Ausblicken." Gut mit dem Bus kommt man auch zum Rehberger Graben, einem historischen Wassergraben, der vom 18. Jahrhundert bis ins 20. Jahrhundert das im Oderteich gespeicherte Wasser zu den Bergwerken von St. Andreasberg transportierte und noch heute betrieben wird. Der parallel verlaufende einstige Inspektionsweg ist heute ein schöner Wanderweg. Und auch der letzte Tipp von Michael Reinboth hat etwas mit seinem Lebensthema zu tun: „Die alte Kleinbahntrasse von Braunlage nach Walkenried wurde zum Rad- und Fußwanderweg umgebaut. Sie ist wunderschön in die Landschaft eingebettet und an vielen Stellen mit dem Bus erreichbar."

Hamburg
1:50 h

Berlin
2:20 h

Göttingen

Walkenried / Bad Sachsa
1:00 h

Köln
2:55 h

München
3:35 h

### ANREISE

Mit ICE oder IC zu den großen Knotenpunkten Hannover, Braunschweig, Magdeburg, Halle, Erfurt, Kassel und Göttingen. Ab dort verkehren mindestens stündlich Regionalzüge bis an den Rand des Harzes nach Goslar, Bad Harzburg, Wernigerode, Nordhausen, Walkenried, Herzberg oder Osterode. Von dort geht es ebenso regelmäßig mit dem Bus oder der Schmalspurbahn zu den Attraktionen des Nationalparks.

FÜR MENSCHEN GIFTIG: VOGELBEEREN

### MOBIL VOR ORT

Mit dem HATIX, dem Harzer Urlaubs-Ticket, können Übernachtungsgäste alle öffentlichen Bus- und Straßenbahnlinien in den Landkreisen Harz und Göttingen, im Kreis Goslar sowie auf ausgewählten Linien im Landkreis Mansfeld-Südharz kostenfrei nutzen.

### Weitere Infos

Weitere Infos zu den Fahrtziel Natur-Gebieten unter

*fahrtziel-natur.de*

RUND 600 KILOMETER WANDERWEGE LADEN ZUM ENTDECKEN DES NATIONALPARKS EIN.

Clemens Herche und das
Biosphärenreservat Flusslandschaft Elbe

Clemens Herche ist einer von sieben Naturwächtern im Biosphä-renreservat Flusslandschaft Elbe. Was macht ein Naturwächter eigentlich? „Wir vermitteln zwischen Mensch und Natur, betreiben Umweltbildung und bieten Führungen für Schulklassen oder Besucher an", so Herche. Aber klingt Naturwächter nicht ein wenig altbacken? „Das ist der offizielle Titel, aber eigentlich bezeichnen wir uns als Ranger", erläutert er. Die 93 Ranger der Naturwacht Bran-denburg arbeiten unter dem Dach der Stiftung NaturSchutzFonds Brandenburg gemeinsam daran, die Naturschätze Brandenburgs zu bewahren und sich für eine intakte Umwelt einzusetzen.

Zu den Aufgaben eines Rangers gehört unter anderem das Moni-toring – die dauerhafte Beobachtung und Erfassung – verschiedener Tier- und Pflanzenarten, etwa das der großen Biberpopulation in der Region. „Im Winterhalbjahr schauen wir uns die Tiere und deren Reviere ganz genau an", erklärt der Ranger. Das sei vor allem für die regelmäßig auftretenden Hoch- und Niedrigwasserereignisse von Bedeutung: „Wir wollen wissen, wie sich welche Biberfamilie unter extremen Bedingungen verhält. Das hilft uns dabei, Konflikte zwischen Mensch und Biber zu vermeiden", erzählt Herche. Dazu kommen Wasservogelkartierungen, schließlich ist das Biosphären-reservat ein wichtiges Rastgebiet von internationaler Bedeutung und ein Überwinterungsplatz für Kraniche, Gänse und Singschwäne.

## Vom Orgelbauer zum Naturschützer

Clemens Herche ist gelernter Orgelbauer und hat nach seiner Ausbildung noch eineinhalb Jahre als Geselle gearbeitet. Dann schlug er einen ganz anderen Weg ein und belegte in Eberswalde den Studiengang Landschaftsnutzung und Naturschutz. „Vermutlich habe ich damit etwas umgesetzt, das schon lange im Unterbe-wusstsein schlummerte", sagt er, der sich schon in jungen Jahren für die Natur und die Tierwelt interessiert hatte. Während seines Studiums arbeitete er unter anderem in einem Luchsprojekt im Nationalpark Bayerischer Wald und ging nach seinem Bachelorab-schluss nach Wien, um dort Wildtierökologie und -management zu studieren.

*„Die Elbe ist einer der letzten unverbauten Ströme in Deutschland und ich bin immer noch fasziniert von der Dynamik des Flusses."*

"Wir vermitteln zwischen Mensch und Natur."

2017 zog es Clemens Herche ins Havelland. Dort arbeitete er zunächst in einem landwirtschaftlichen Betrieb. Als für die Naturwacht im Storchendorf Rühstädt eine Rangerstelle ausgeschrieben wurde, musste er nicht lange überlegen und bewarb sich. „Ich habe mich sehr gefreut, als die Zusage kam." Seine umfassenden theoretischen und praktischen Erfahrungen im Naturschutz werden ihm dabei ebenso geholfen haben wie seine Hobbys Jagen und Angeln: „Damit habe ich gegenüber allen Interessengruppen sicher eine gewisse Glaubwürdigkeit", sagt der 38-Jährige.

### Storchendorf Rühstädt

Rühstädt gilt als das storchenreichste Dorf in Deutschland, jährlich brüten hier bis zu 30 Paare. 1996 wurde die Gemeinde am Elberadweg zwischen Havelberg und Wittenberge zum „Europäischen Storchendorf" gekürt. Auch heute noch steht hier alles im Zeichen des Weißstorchs, besonders im NABU-Besucherzentrum mit der Ausstellung „Weltenbummler Adebar". Eine Video-Liveschaltung führt die Gäste direkt in das Nest des Storchenpaares auf dem Dach des Besucherzentrums und ermöglicht faszinierende Einblicke in die Brutsaison, vom ersten Ei bis zu den Flugversuchen der Jungstörche. Störche stehen auch im Zentrum der Umweltbildungsaktivitäten von

MONITORING GEHÖRT ZU DEN ZENTRALEN AUFGABEN VON CLEMENS HERCHE.

Clemens Herche und seinen Kolleginnen und Kollegen. Zwischen Mai und August gibt es in Rühstädt mittwochs und freitags jeweils eine Storchenführung und mit dem samstäglichen „Storchenfeierabend" eine ganz besondere Attraktion: Wenn die Eltern nach ihrer Futtersuche in den Elbauen in die Horste zurückkehren, um ihre Jungen zu füttern, hallt lautes Geklapper durch das Dorf. „Wenn die Sonne langsam untergeht, ist das schon eine ganz besondere Atmosphäre", erzählt der Ranger.

### Ein besonderer Moment

Vor seinem Engagement bei der Naturwacht war Clemens Herche noch nie in der Prignitz, hat die Landschaft aber längst in sein Herz geschlossen. „Die Elbe ist einer der letzten unverbauten Ströme in Deutschland und ich bin immer noch fasziniert von der Dynamik des Flusses, die in der Landschaft sichtbar wird." An einen Moment erinnert er sich besonders: „Ich habe hier meinen ersten Austernfischer im Binnenland gesehen."

Entlang der mittleren Elbe erstreckt sich eine naturnahe Stromlandschaft mit zahlreichen Flussauen über die fünf Bundesländer Sachsen-Anhalt, Brandenburg, Niedersachsen, Mecklenburg-Vorpommern und Schleswig-Holstein. Das UNESCO-Biosphärenreservat Flusslandschaft Elbe bietet Raum für eine enorme Artenvielfalt. Fischotter und Biber leben hier. Nirgendwo in Deutschland gibt es mehr Störche, im Winterhalbjahr ziehen Zehntausende Gänse und Singschwäne in ihre Quartiere entlang der Elbe ein. Wer sich für Kultur und Geschichte begeistert, für den gibt es mit dem UNESCO-Weltkulturerbe Gartenreich Dessau-Wörlitz, dem Elbschloss Bleckede, der Festungsanlage Dömitz und der Burg Lenzen viel zu entdecken.

Für die Erkundung des Biosphärenreservats empfiehlt Clemens Herche das Fahrrad. In der Prignitz gibt es ein rund 1.100 Kilometer langes Radwegenetz, innerhalb dessen man sich an Knotenpunkten orientieren kann. Dabei sind Kreuzungen von mindestens drei Radwegen als Knotenpunkt mit einer Nummer und einer Informationstafel versehen. Diese Knotenpunktnummern sind in der Region ausgeschildert. „Es gibt so viele Möglichkeiten", schwärmt der Naturliebhaber – etwa die geführte, rund 27 Kilometer lange Fahrradtour „Treffpunkt Adebar" von und nach Bad Wilsnack. „Es reicht aber auch, einfach den Elberadweg entlangzufahren und immer wieder Abstecher ins Elbevorland zu machen", so Herche. Die Landschaft längs des großen Flusses habe überall, enorm viel zu bieten. „Und verfahren kann man sich hier sowieso nicht."

**„Das Biosphärenreservat ist ein wichtiges Rastgebiet von internationaler Bedeutung und ein Überwinterungsplatz für Kraniche, Gänse und Singschwäne."**

LINKS: EIN SCHWARM BLÄSSGÄNSE
RECHTS: SAND-GRASNELKEN WACHSEN AM UFER DER ELBE.

Hamburg
1:10 h

Wittenberge

Berlin
0:55 h

Rühstädt
40 Min.

Köln
5:10 h

München
6:10 h

**ANREISE**

Das Biosphärenreservat erreicht man mit der Bahn über Berlin und Wittenberge oder Hamburg und Boizenburg (Elbe). Aus dem Süden kommen Reisende entspannt über Lüneburg und Hitzacker (Elbe) an. Mit Regionalbahnen und Bussen geht es weiter in die Region.

SCHAFE SÄUMEN DIE ELBDEICHE
ENTLANG DES RADWEGES.

**MOBIL VOR ORT**

Das größte im Binnenland gelegene Biosphärenreservat Deutschlands lässt sich auch ohne Auto prima erkunden. Die Firma Mobil vor Ort ermöglicht die flexible und individuelle Erkundung der Elbtalaue durch mobilen Fahrradverleih, Transferleistungen (z. B. vom oder zum Bahnhof) und Kleinbustouren. Außerdem bietet die ARGE Prignitzbus individuellen Nahverkehr (sogenannte RufBusse), wenn 90 Minuten vor oder nach der gewünschten Abfahrtszeit kein planmäßiger Linienbus fährt.

**Weitere Infos**

Weitere Informationen zu den Fahrtziel Natur-Gebieten unter
*fahrtziel-natur.de*

BLICK VOM ELBRADWEG

Sarah Phillips und Richard Hurding
im Biosphärenreservat Schorfheide-Chorin

GLÜCKLICH IN DER SCHORFHEIDE: SARAH PHILLIPS UND RICHARD HURDING

In Joachimsthal, im Herzen des UNESCO-Biosphärenreservats Schorfheide-Chorin, stößt man auf ein Objekt, das man hier nicht unbedingt erwarten würde: eine Aussichtsplattform auf einem 21 Meter hohen ehemaligen Wasserturm. Wer die frei zugängliche Plattform erklettert oder per Lift erreicht, wird mit einem Rundumblick belohnt, der alle Erwartungen erfüllt und sogar noch übertrifft. Die traumhafte Landschaft des Biosphärenreservats springt ebenso ins Auge wie das Grenzgebiet zum Nachbarland Polen oder – an klaren Tagen – der Berliner Fernsehturm. „Manche Besucher bleiben bis zu zwei Stunden oben und können sich nicht sattsehen", erzählt Sarah Phillips.

Turm, Aussichtsplattform, eine Villa sowie das Café Quadrat gehören zum BIORAMA-Projekt, eine private Initiative von Sarah Phillips und Richard Hurding. „Bio" steht dabei für das Biosphärenreservat Schorfheide-Chorin und „rama" für den einmaligen Panoramablick. In dem sechsstöckigen Wasserturm wohnen die beiden Besitzer, jede Etage ist ein eigener Raum. Verbindung schafft eine Wendeltreppe – „das hält uns fit", lacht Sarah Phillips. Die Villa aus dem späten 19. Jahrhundert haben sie saniert und nutzen diese mit ihren bis zu 13 Meter hohen Räumen und den unverputzten Backsteinwänden heute als Ort für internationale Kunstprojekte und Ausstellungen – bevorzugt für Installationen, Performances und Exponate zum Thema Nachhaltigkeit.

### Grüne Stadt, grüne Mentalität

Kennengelernt haben sich die beiden 1993. „Nachhaltigkeit war von Beginn an ein wichtiges Thema", erzählt Sarah Phillips, „Richard hat zum Beispiel einen Kleidungsladen in Covent Garden (London) komplett ökologisch eingerichtet." Nachdem die Projektleiterin und der Designer zu Beginn dieses Jahrtausends ihre Jobs in London aufgegeben haben, ihre Wohnung verkauften und sich in Europa umschauten – „Lissabon war zu langweilig, Barcelona zu gefährlich" – landeten sie 2002 schließlich in Berlin. „Wir waren total überrascht, wie grün die Stadt ist – nicht nur die Landschaft, auch die Mentalität." Das Paar wohnte damals in Friedenau, der heute 57-jährige Richard Hurding erkundete die Umgebung gern per Rennrad – bevorzugt in Richtung Süden.

### *„Hier gibt es Kraniche, Spechte, Störche, Seeadler – wo findet man sonst eine solche Vielfalt?"*

Bei seiner ersten Radtour in nördlicher Richtung entdeckte er im Oktober 2002 den Wasserturm – und war fasziniert. Im Januar 2003 schaute sich das Paar den Turm und das Gelände mit der Villa noch einmal an und beschloss, etwas Besonderes daraus zu machen – „obwohl es hier aussah wie auf einer Mülldeponie", erinnert sich Sarah. Den Turm als Wohnhaus und „Ökotourismusmagnet" umzubauen und durch einen Aufzugsturm aus Beton-, Glas- und Stahl zu ergänzen, das war die Idee von Richard Hurding. Nachdem sie das Gelände von der Treuhand gekauft hatten, begannen die Umbauarbeiten. Seit 2006 lebt das Paar nun in Joachimsthal.

BIS ZU 13 METER HOHE RÄUME IN DER ALTEN VILLA

SARAH PHILLIPS UND RICHARD HURDING (RECHTS) UND
IHRE MITARBEITERIN ELLEN KAISER VOR DEM CAFÉ QUADRAT

### Längst heimisch

Fühlen sie sich mittlerweile zu Hause? „Das ging ganz schnell", erzählt die Britin. Obwohl einige Leute in Joachimsthal am Anfang skeptisch gewesen seien: „Man hat hier schon einige groß angekündigte Projekte scheitern sehen. So mancher ist gekommen, hat schön geredet und war dann ganz schnell wieder weg." Beide sind seit Jahren Mitglieder im Heimatverein Joachimsthal und der Einkauf wird regelmäßig zu einem sozialen Event: „Unter zwei Stunden kommen wir da nicht weg", schmunzelt die 56-Jährige.

Richard Hurding war zweimal Stadtverordneter in Joachimsthal, hat allerdings sein Mandat im Herbst 2019 angesichts des bevorstehenden Brexits zurückgegeben. Schließlich dürfen nur Bürger aus einem EU-Land Stadtverordnete sein. Jetzt, nach dem vollzogenen Brexit, fürchten beide neue Grenzen und bürokratische Hürden. Um EU-Bürger zu bleiben, streben die beiden Brexit-Gegner die deutsche und damit die doppelte Staatsbürgerschaft an. Den Einbürgerungstest haben sie mit Bravour bestanden, jetzt warten sie auf das Ergebnis des Sprachtests.

DER ALTE WASSERTURM IST AUCH
BEI DUNKELHEIT EIN HINGUCKER.

Das UNESCO-Biosphärenreservat Schorfheide-Chorin liegt rund 50 Kilometer nordöstlich von Berlin. In dieser eiszeitlich geprägten Kulturlandschaft gibt es rund 240 Seen, zahllose Moore, ausgedehnte Wiesen sowie große unzerschnittene Buchenwälder, darunter das Weltnaturerbe Grumsin. Das Schutzgebiet ist die Heimat faszinierender Tierarten wie Seeadler, Kranich, Biber, Schwarzspecht, Schwarzstorch und Wendehals.

schorfheide-chorin-biosphaerenreservat.de

### Radeln im Naturparadies

Die Schorfheide ist für Naturliebhaber ein einziges Paradies. Besonders begeistert ist Sarah Phillips von der Vogelwelt: „Hier gibt es Kraniche, Spechte, Störche, Seeadler – wo findet man sonst eine solche Vielfalt?" Sie mag den Werbellinsee bei Joachimsthal, empfiehlt einen Besuch des NABU-Naturerlebniszentrums Blumberger Mühle in Angermünde und einen Abstecher zum Buchenwald Grumsin, seit 2011 Weltnaturerbe der UNESCO.

*„Im Januar 2003 schaute sich das Paar den Turm und das Gelände mit der Villa noch einmal an und beschloss, etwas Besonderes daraus zu machen."*

Der Rennradler Richard Hurding schwärmt vor allem von den vielen gut ausgebauten Radwegen in der Schorfheide: „So etwas haben wir in Großbritannien nicht so häufig." Zur stilechten Anreise ins Biosphärenreservat empfiehlt er die Ankunft im alten, 1898 erbauten und mittlerweile restaurierten Kaiserbahnhof in Joachimsthal. „Von dort ist man zu Fuß in zwölf Minuten bei uns."

LINKS: SARAH PHILLIPS, RICHARD HURDING UND ELLEN KAISER (V. L. N. R.)
RECHTS: DIE WENDELTREPPE HÄLT FIT.

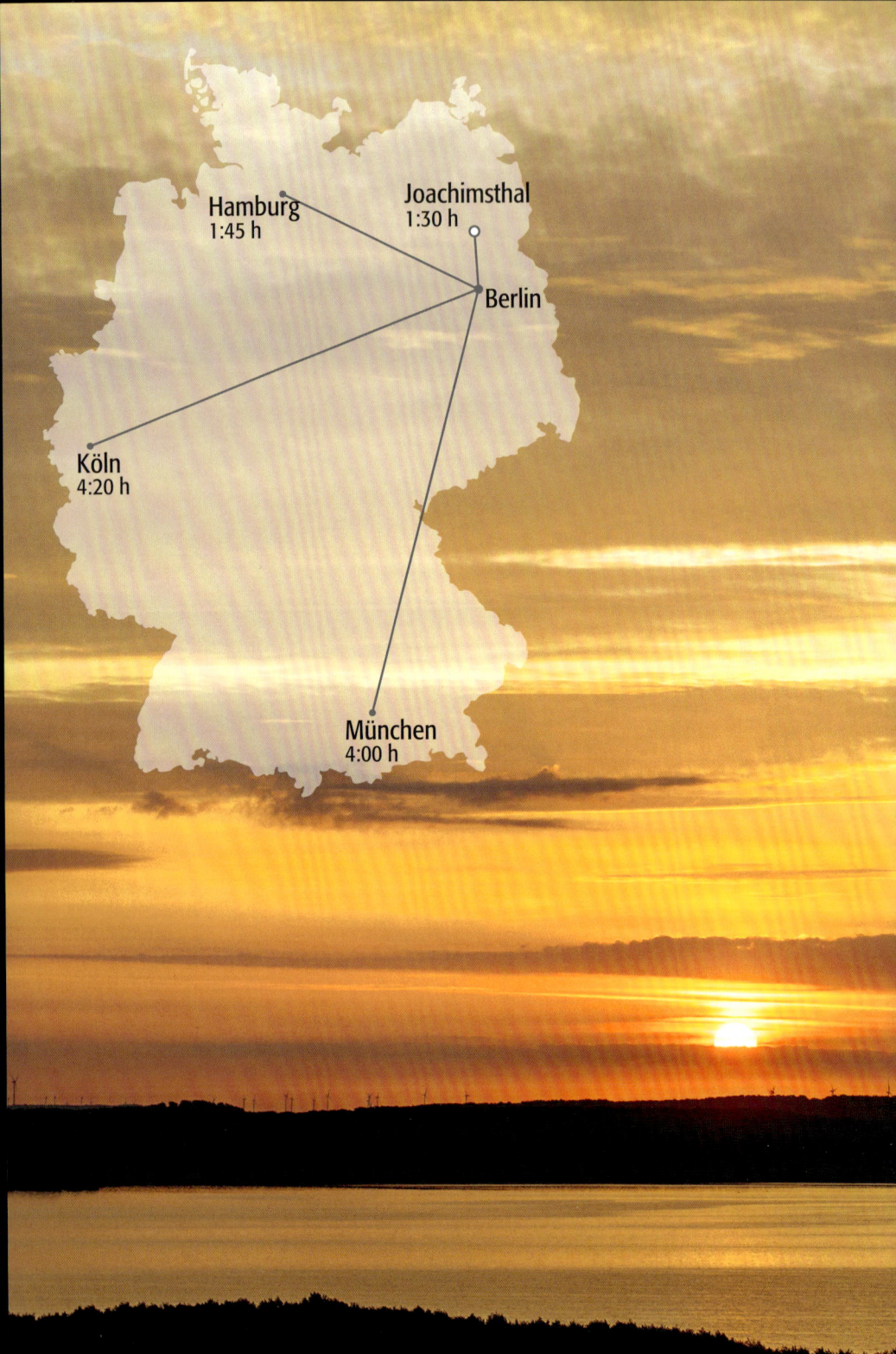

Hamburg
1:45 h

Joachimsthal
1:30 h

Berlin

Köln
4:20 h

München
4:00 h

### ANREISE

Von Berlin aus fahren regelmäßig Regionalzüge nach Eberswalde, Angermünde, Prenzlau oder Chorin. In Eberswalde besteht Bahnanschluss nach Joachimsthal. In den westlichen Teil des Schutzgebietes geht es über Fürstenberg (Havel), Zehdenick (Mark) und Templin.

GALERIE UND VERANSTALTUNGSORT – DIE WEISSE VILLA

### MOBIL VOR ORT

Alle wichtigen Ziele im Biosphärenreservat sind gut mit Bus und Bahn erreichbar. Fahrräder und E-Bikes lassen sich an vielen Orten mieten.

### Weitere Infos

Weitere Informationen zu den Fahrtziel Natur-Gebieten unter
*fahrtziel-natur.de*

GRIMNITZSEE IM BIOSPHÄRENRESERVAT

Achim Rensch im
Naturpark Uckermärkische Seen

Ferien mit Pferden, Mulis, Hunden und Katzen, Reiten und Kutschfahrten durch den Naturpark Uckermärkische Seen – was beinahe klingt wie ein idyllischer Traum aus vergangenen Zeiten, wird in den Kinderreitferien auf dem Hof von Familie Rensch in Lychen Wirklichkeit. Zehn Jahre alt muss Kind sein, um für eine Woche Bekanntschaft mit den Pferden und Mulis zu schließen, erste Reiterfahrungen zu sammeln oder vorhandene Kenntnisse zu vertiefen und dabei den Naturpark kennenzulernen.

Reitferien sind dabei nur eines der zahlreichen Angebote der Reit- und Fahrtouristik Lychen, die von Grit und Achim Rensch betrieben wird. Dazu gehören eine Pferdepension, die Ausbildung von Pferden und Mulis oder Ausritte in die nähere Umgebung. „Besonders gut angenommen, werden unsere Kutsch- und Kremserfahrten", sagt Achim Rensch. Kremserfahrten? „Ein Kremser ist im Prinzip eine größere Kutsche – manche sagen auch Planwagen – mit luftbereiften Rädern und mehreren Sitzen oder Längsbänken an beiden Seiten", erklärt er. Der Name geht auf den Berliner Fuhrunternehmer Simon Kremser zurück, der mit einem solchen Gefährt 1825 eine Pferdeomnibuslinie eröffnete.

GRIT UND ACHIM RENSCH

### Kremser mit Wartburg-Rädern

Lychen, inmitten von Wald und Wasser gelegen, ist vor allem als Flößerstadt bekannt geworden – seit 1570 wurden hier große Holzstämme zusammengebunden und auf dem Wasser in Städte wie Hamburg oder Berlin transportiert. Das letzte Floß ging 1975 auf die Reise. An eine andere Besonderheit der Stadt erinnert ein Denkmal: Zu Beginn des 20. Jahrhunderts erfand hier der Uhrmachermeister Johann Kirsten die Reißzwecke.

*„Erzieht sie doch wie Pferde – ihr müsst ihnen ja nicht verraten, dass sie Mulis sind."*

Achim Rensch ist in Lychen geboren und hat die Stadt nur zum Dienst in der Volksarmee sowie zum Studium verlassen: „Meine Frau habe ich aus der Studienzeit in Rostock mitgebracht." Zu DDR-Zeiten arbeitete er in einer Landwirtschaftlichen Produktionsgenossenschaft (LPG) und hielt nebenbei ein paar Pferde – „vom Großvater geerbt". In den Ferien bot er damals schon in geringem Umfang Kinderreiten an und an Feiertagen kamen die ersten Kremserfahrten hinzu. Seinen ersten Planwagen hat der 63-Jährige aus zahlreichen Einzelteilen zusammenbasteln lassen und mit Wartburg-Rädern bestückt: „eine sehr solide Bauweise."

WOHLVERDIENTE PAUSE

### Individuelle Touren

Mit der wachsenden Begeisterung der Kinder, die bei ihm ritten, reifte langsam der Gedanke an eine Professionalisierung: „Ein Hobby muss ja nicht immer nur Geld kosten, sondern kann auch mal etwas einbringen." Sein Umfeld ermutigte ihn zu diesem Schritt und, als immer mehr Freundinnen seiner Tochter bei Achim Rensch die Pferde sattelten, fragte eine von deren Müttern: „Willst Du sie nicht die ganze Woche dabehalten?" So meldete er 1991 den Reit- und Fahrbetrieb als Gewerbe an – zunächst im Nebenerwerb. „2004 haben wir uns dann tief in die Augen geschaut und gefragt, wollen wir diesen Hof als Haupterwerb weiterführen?" Ja lautete die Antwort und seither widmet sich Familie Rensch voll und ganz ihrer Reit- und Fahrtouristik. Heute hat der Familienbetrieb vier Angestellte.

Schon in jungen Jahren ritt Achim Rensch durch die Wälder seiner Heimat und kennt sich daher im Naturpark bestens aus. Die von der letzten Eiszeit geprägte, sanft hügelige Landschaft mit den vielen verwunschenen Seen fasziniert ihn bis heute. Deshalb freut er sich, wenn seine Gäste ihn bitten, eine individuelle Tour zusammenzustellen. „Ich möchte auch nicht immer den gleichen Weg fahren." Es gäbe so viel abseits der eingefahrenen Pfade zu entdecken: „Ich frage oft, ‚habt ihr noch einen Augenblick Zeit? Dann lauft mal Hundert Meter in die Richtung, dann werdet ihr einen echten Schatz entdecken'."

„EIN HOBBY MUSS NICHT NUR GELD KOSTEN."

uckermaerkische-seen-naturpark.de

Der größte Schatz des Naturparks Uckermärkische Seen sind sicher seine 230 Seen, darunter mehr als 50 Klarwasserseen mit einer Sichttiefe von über 2,50 Meter. Hier geht der Fischadler auf Jagd, der an den Uckermärkischen Seen einen seiner mitteleuropäischen Verbreitungsschwerpunkte hat. Neben den Seen gehören Moore, offene Landschaften und Wälder zu den Lebensräumen des Naturparks. Mehr als 1.200 Pflanzenarten wachsen hier, darunter das Gelbe Knabenkraut und der Sonnentau. Fischotter und Biber sind im Schutzgebiet ebenso zu Hause wie die Große Rohrdommel, Edelkrebs und Sumpfschildkröte, Moorfrosch und Rotbauchunke.

## Ausgeprägter Charakter

Die Basis für die Arbeit von Familie Rensch sind ihre Pferde und Mulis. „Die züchten wir selber nach, und zwar genau so viele, wie wir benötigen. Wir sind keine Händler." Die Tiere dürfen so lange auf dem Hof bleiben, bis sie nicht mehr allein fressen oder stehen können. „Sie gehören quasi zur Familie." In der Familie bleibe auch die Führung der Reit- und Fahrtouristik, so Rensch, „Tochter und Schwiegersohn werden den Laden übernehmen".

Über das Vorurteil von störrischen Maultieren kann Rensch nur lächeln. „Sie haben halt einen ausgeprägten Charakter." Dennoch höre er mitunter vor einer Kremserfahrt die Frage, ob man denn mit Mulis überhaupt wieder sicher nach Hause komme: „Dann sage ich meinen Gästen, dass ich nur deshalb mit so vielen Leuten in den Wald fahre, damit im Notfall alle schieben können." Auf die Frage nach möglichen Komplikationen bei der Muli-Ausbildung zitiert der 63-Jährige eine Frau aus der Schweiz: „Erzieht sie doch wie Pferde – ihr müsst ihnen ja nicht verraten, dass sie Mulis sind." Was nicht ganz stimmt, sagt Rensch: „Irgendwann kommt der Punkt, an dem sie einem klarmachen, dass sie eben doch Mulis sind."

TIER UND MENSCH IM EINKLANG

ELSE IM HEU

### Den Naturpark mitgestalten

Im Winterhalbjahr ist es im Naturpark Uckermärkische Seen noch ruhiger als sonst, auch die Reit- und Fahrangebote von Familie Rensch werden weniger nachgefragt. Diese Zeit nutzt Achim Rensch für forstwirtschaftliche Tätigkeiten, etwa zum Holzrücken und Kulturpflügen. „Viele unserer Wälder sind zertifiziert und dürfen mit Maschinen nur auf Rückegassen befahren werden." Für die Arbeiten neben diesen Gassen werden die Pferde von Rensch eingesetzt, weil sie sehr boden- und holzschonend sind. Beim Kulturpflügen werden Schneisen in den Waldboden gepflügt, damit sich dort Keimlinge der Bäume ansiedeln und wachsen können. „Ich finde es wunderbar, so den Naturpark mitgestalten zu können", sagt Achim Rensch.

> *„Die von der letzten Eiszeit geprägte, sanft hügelige Landschaft mit den vielen verwunschenen Seen fasziniert ihn bis heute."*

Ein besonderes Abenteuer erlebten die Eheleute Rensch und die beiden Mulis Pascoa und Usaja im Spätsommer 2018, als sie sich mit dem Planwagen-Treck „Titanen on Tour" ins 2.300 Kilometer entfernte russische Weliki Nowgorod aufmachten. Mit dieser knapp dreimonatigen Tour stellt der „Kaltblut Zucht- und Sportverein Brück" einen historischen Handelsweg, den „Hellweg", nach und wirbt für Völkerverständigung. Ein Ereignis ist Achim Rensch besonders in Erinnerung geblieben. Während eines Aufenthaltes am estnischen Peipussee wurden sie sehr herzlich von einer 90-jährigen Dorfbewohnerin begrüßt, deren Elternhaus im Zweiten Weltkrieg zerstört worden war: „Heute kommt ihr Deutschen mit Pferden und in Frieden. Das ist gut."

Hamburg
3:00 h

Lychen
25 Min.

Fürstenberg
(Havel)

Berlin
1:00 h

Köln
5:55 h

München
5:50 h

### ANREISE

Von Berlin aus geht es mit Regionalzügen direkt in den Naturpark zu den Bahnhöfen Templin, Fürstenberg (Havel), Zehdenick oder Prenzlau. Vom neuen IC-Halt in Oranienburg fährt die Regionalbahn nach Templin, aus westlicher Richtung der Regional-Express bis Fürstenberg (Havel). Weiter geht es mit dem Bus nach Lychen.

EINE ALTE KIEFER AUF DER KOPPEL VON FAMILIE RENSCH, GENANNT „AFRIKA-BAUM"

### MOBIL VOR ORT

Mit dem UckermarkShuttle können Urlauber, Tagesausflügler und Einheimische an Wochenenden und Feiertagen auf einer Rundfahrt die Region entdecken. Die Buslinie verbindet die Städte und Dörfer der Uckermark und fährt in beide Richtungen über Templin, Prenzlau, Schwedt und Angermünde. Von April bis September ist das UckermarkShuttle mit einem Fahrradträger für die Mitnahme von maximal vier Rädern ausgestattet.

### Weitere Infos

Weitere Informationen zu den Fahrtziel Natur-Gebieten unter

*fahrtziel-natur.de*

230 SEEN GIBT ES IN DEM NATURPARK.

Janett Heske und
der Müritz-Nationalpark

Es gibt Menschen, die versprühen Energie für mindestens zwei Leben. Dazu gehört ohne Frage Janett Heske, die mit ihrer Familie das Hotel am Müritz-Nationalpark in Waren führt. Und nicht nur das – sie ist auch noch Künstlerin, malt, töpfert und betreibt das alte Kunsthandwerk „Glasperlenwickeln".

Seit 2009 erteilt Janett Heske Kunstunterricht am privaten Gymnasium Schloss Torgelow. Und in ihrem kulinarischen Atelier „SPECK 71 – Kunst & Köstlichkeiten" verwöhnt sie ihre Gäste mit einem leckeren Frühstück aus regionalen Produkten sowie selbst gebackenem Kuchen, der sich am schönsten auf der Sonnenterrasse oder im Wintergarten genießen lässt.

**„Es gibt für mich kaum etwas Schöneres,
als zufriedenen Gästen am Morgen frische
Croissants und duftenden Kaffee anzubieten."**

### Frische Croissants und duftender Kaffee

Die quirlige Künstlerin hat Architektur studiert – wie wird man damit zur Hotelbetreiberin? Die Ursprünge liegen in der „Wendezeit". Ihre Mutter erwarb damals zwei Fahrgastschiffe in Waren, die die Tochter übernehmen wollte – „dann aber wurde uns das Hotel angeboten, das kurz zuvor insolvent wurde. Und das schien uns, noch attraktiver zu sein." Uns, das sind Janett Heske und ihr Ehemann Erik, ebenfalls Architekt, der diese Profession auch heute noch ausübt.

Janett Heske hingegen entschied sich nach einer kurzen Übergangsphase, ihre ganze Kraft dem Hotel zu widmen – und hat dies nie bereut: „Es gibt für mich nach wie vor kaum etwas Schöneres, als zufriedenen Gästen am Morgen frische Croissants und duftenden Kaffee anzubieten." Und wer den Blick aus dem Fenster eines der 17 individuell eingerichteten Zimmer wirft, kann sie bestens verstehen: Weit schweift der Blick über die Wiesen, bis hin zu einem verwunschenen Badesee. Jenseits des großen Gartens mit eigenen Skulpturen beginnt der Müritz-Nationalpark.

### Alte Buchenwälder

Und der hat allerhand, zu bieten. Was kaum jemand weiß: An der Müritz liegt Deutschlands größter Nationalpark im Binnenland. Die Müritz ist zwar Namensgeber, aber mehr als 70 Prozent der Nationalparkfläche sind mit Wald bedeckt. Der Rest verteilt sich auf Wasser, Moore, Wiesen und Weiden. Da zu DDR-Zeiten große Teile des heutigen Nationalparks als Jagd- und Erholungsgebiet für die selbst ernannte Elite sowie als Truppenübungsplatz dienten und somit dem Großteil der Bevölkerung nicht zugänglich waren, konnte sich die Natur hier weitgehend unberührt entwickeln.

Heute leben Tierarten wie Fischotter, See- und Fischadler oder Kraniche in dem 1990 unter Schutz gestellten und rund 320 Quadratkilometer großen Nationalpark. Dieser besteht aus zwei Teilen: der eine, größere zieht sich vom östlichen Ufer der Müritz bis westlich von Neustrelitz. Und der andere beginnt östlich der ehemaligen Residenzstadt und hat als Attraktion die Buchenwälder um Serrahn zu bieten, die seit 2011 zum UNESCO-Weltnaturerbe zählen. Auf dem rund vier Kilometer langen Walderlebnispfad zwischen Zinow und Serrahn kommen viele Geheimnisse des Waldes ans Licht.

GLASSTÄBE ZUM PERLENWICKELN,
FROSCH-KUNST UND BLUTWEIDERICH

### Inspiration aus der Natur

Janett Heske ist Hotelbetreiberin mit Leib und Seele, aber genauso enthusiastisch widmet sie sich der Malerei. Ihr Œuvre reicht von Naturmotiven über Stillleben und Porträts bis hin zu Aktzeichnungen. Und wie fließt die einzigartige Natur an der Müritz in ihre Arbeit ein? „Auf jede erdenkliche Weise", sagt sie. „Wenn ich zum Beispiel den Sonnenaufgang hinter den Bäumen sehe oder die frischen Tautropfen auf der Wiese, dann weckt das bei mir so viele Emotionen, die ich unbedingt auf Papier bringen muss."

Sie liebt es, kleine Tiere ganz groß zu malen, zum Beispiel Ameisen. Zu ihren Lieblingsmotiven gehören Frösche ebenso wie der sichtbare Atem röhrender Hirsche im Herbst – „und natürlich die tanzenden Kraniche". Ihre Kunst produziert sie am liebsten in familiärer Gesellschaft. „Wir haben einen riesigen Holztisch. Auf der einen Seite essen die Kinder Abendbrot, auf der anderen Seite sitze ich und male."

mueritz-nationalpark.de

Mehr als Hundert glasklare Seen und viele Moore prägen den
größten Waldnationalpark Deutschlands. Auf den sandigen Böden
gedeiht vor allem die Kiefer, besonders erhaltenswert jedoch sind
die alten Buchenwälder rund um Serrahn, die seit 2011 Teil des
UNESCO-Weltnaturerbes sind. In der sanft hügeligen, von der
Weichseleiszeit geschaffenen Landschaft des Müritz-Nationalparks
lassen sich See- und Fischadler, Schwarzstörche und Kraniche sowie
im Herbst die Brunft der Rothirsche beobachten. Über ein rund 650
Kilometer langes Netz von Wander- und Radwegen lässt sich der
Nationalpark umweltschonend entdecken.

### Glasperlenwickeln

Einmal im Jahr findet der „Flanierball" im Schlosshotel Fleesensee in Göhren-Lebbin statt – für viele eines der wichtigsten gesellschaftlichen Ereignisse an der Müritz. Für Janett Heske ist jeder neue Flanierball der Anlass, ein neues Kleid zu entwerfen, es zu schneidern und für karitative Zwecke versteigern zu lassen. 2019 war der Hintergrund für das gewählte Motiv sportlicher Natur: „Ein guter Freund von uns hat am Iron Man auf Hawaii teilgenommen. Wir haben ihn begleitet und die Eindrücke habe ich auf dem Kleid verewigt."

Neben der Malerei hat die 49-Jährige noch eine weitere künstlerische Leidenschaft, die Glasperlenkunst. Dabei werden Glasperlen vor der offenen Flamme an einem sogenannten Perlendorn „gewickelt" und individuell gestaltet. Entdeckt hat sie das Hobby in Skandinavien, wo die Glaskunst weit verbreitet ist. „Vor acht Jahren habe ich dann einen Kurs in Berlin gemacht. ‚Fünf bis sechs Perlen könnt ihr machen', sagte die Kursleiterin – bei mir wurden es 25." Schmunzelnd spricht Heske von einem suchtartigen Verhalten, das jedoch ausgesprochen produktive Folgen hatte: Heute bietet sie in ihrem Atelier „Elfenzauber" gut besuchte Kurse zum Glasperlenwickeln an.

FASZINIERENDE GLASPERLENKUNST

BINNENMÜRITZ BEI WAREN

### Ein perfekter Tag

Die lebensfrohe Perlenwicklerin liebt, was sie tut, und sie liebt auch die Natur im Müritz-Nationalpark: „Wer hat schon so viel Wald direkt vor der Haustür?" Begeistert erzählt sie von den vielen Orchideen, berichtet von ihrer Faszination für Spechte und schwärmt von dem einmaligen Erlebnis, einen Fischadler beim erfolgreichen Beutefang zu beobachten. Auch der dumpf dröhnende, weithin hörbare Balzruf männlicher Rohrdommeln aus dem dichten Schilf hat es ihr angetan und an eine Begegnung erinnert sie sich besonders gut: „Neulich bin ich auf der Wiese hinter dem Hotel beinahe auf eine Kröte getreten, die war so groß wie mein Schuh."

*„Wir haben im Wald nicht eine Menschenseele gesehen und waren ganz für uns – einfach wunderbar."*

Wie sieht für sie ein perfekter Tag im Nationalpark aus? „Am frühen Morgen ein Bad im See, dann ausgiebig frühstücken. Anschließend eine lange Wanderung durch die Wälder. Oder mit dem Fahrrad nach Waren, eine Schiffstour zur Inselstadt Malchow machen. Zurück in Waren ist ein Besuch des Naturerlebniszentrums Müritzeum ebenso Pflicht wie der Genuss eines leckeren Fischbrötchens." Und was sagen ihre Gäste? Janett Heske zitiert einen Satz, den sie nicht nur einmal gehört hat: „Wir haben im Wald nicht eine Menschenseele gesehen und waren ganz für uns – einfach wunderbar."

Waren (Müritz)

Hamburg
3:05 h

Berlin
1:20 h

Dresden
3:40 h

Köln
6:10 h

München
6:00 h

HOTEL

★★★
SUPERIOR

### ANREISE

Die Eingangstore zum Nationalpark Waren (Müritz) und Neustrelitz sind entspannt mit dem Fern- und Nahverkehr erreichbar, u.a. umsteigefrei mit der neuen zweistündlichen IC-Linie Rostock–Berlin–Dresden, zum anderen aus weiten Teilen Deutschlands mit Umstieg in Berlin oder Rostock.

GLASKLARES WASSER IN DER BINNENMÜRITZ

### MOBIL VOR ORT

Gäste, die in Waren (Müritz), Klink, Röbel (Müritz) oder Rechlin übernachten, erhalten bei ihrer Anmeldung und mit Zahlung ihrer Kurabgabe automatisch eine Gästekarte für die Zeit ihres Aufenthaltes. Damit können sie von April bis Ende Oktober die Busse rund um die Müritz sowie im Stadtverkehr von Waren und Röbel kostenlos nutzen.

### Weitere Infos

Weitere Informationen zu den Fahrtziel Natur-Gebieten unter

*fahrtziel-natur.de*

HERZLICH WILLKOMMEN IN
JANETT HESKES HOTEL AM MÜRITZ-NATIONALPARK

Onno K. Gent und der Nationalpark
Niedersächsisches Wattenmeer

EINER DER ERSTEN RANGER IM NATIONALPARK: ONNO K. GENT

andesrechnungshöfe gelten eher selten als Initiatoren sinnvoller Maßnahmen im Naturschutz. Vor rund sechs Jahren kam
es zu einer Ausnahme dieser Regel, denn die Einrichtung von
Rangerstellen im Nationalpark Niedersächsisches Wattenmeer war
nicht zuletzt einem Prüfbericht der niedersächsischen Behörde zu
verdanken. Die hatte nämlich bemängelt, dass zu wenig Geld für
den aktiven Schutz des Nationalparks ausgegeben werde.

Der damalige niedersächsische Umweltminister Stefan Wenzel zog
die Konsequenzen und der Landtag verabschiedete das benötigte
Budget im Haushalt. Zehn neue Ranger-Positionen wurden für den
Nationalpark geschaffen, auf die sich mehr als 400 Frauen und
Männer aus ganz Deutschland bewarben. Im Februar 2015 traten
dann die ersten beiden hauptamtlichen Schutzgebietsbetreuer ihren
Dienst an – Nico Erdmann auf Norderney und Onno K. Gent im
Küstenbereich Krummhörn/Norderland.

## Sechs Stunden durchs Watt

Zuvor arbeitete der gelernte Landwirtschaftsmeister 34 Jahre als Betriebshelfer im Agrarbereich. „Ich wurde aber schon in dieser Zeit häufig mit naturschutzfachlichen Fragen rund ums Wattenmeer konfrontiert", erzählt Gent. Ehrenamtlich engagierte er sich für Kompromisslösungen bei Konflikten zwischen Landwirtschaft und Naturschutz. So trug er mit seiner kritisch-konstruktiven Begleitung beispielsweise dazu bei, dass beim Bau des ersten Offshorewindparks „alpha ventus" vor der Insel Borkum die Eingriffe in das Ökosystem reduziert wurden.

Bereits im Alter von acht Jahren sei er an der Hand seiner Mutter durchs Wattenmeer gelaufen, erinnert sich der 63-Jährige: „Seither hat mich dieser Lebensraum nicht mehr losgelassen." Als Schüler fuhr er regelmäßig mit dem Rad hinauf nach Neßmersiel, wanderte durchs Watt nach Norderney und lief nach einem seeseitigen Bad und einer Tasse Tee wieder zurück – alles innerhalb von sechs Stunden Ebbe. Diese Gewohnheit hat er bis heute beibehalten, nur in der kalten Jahreszeit wird auf das Bad in der Nordsee verzichtet.

EMPFINDLICHER LEBENSRAUM SALZWIESEN

### Populäre Zugvogeltage

Onno K. Gent freut sich darüber, dass die Nationalparkidee trotz vieler Nutzerinteressen in einem dicht besiedelten Raum gut funktioniert. Natürlich gebe es Herausforderungen, etwa den wachsenden Schiffsverkehr oder den Bau von Offshorewindparks, die außerhalb der Nationalparkzone liegen. Hier seien vor allem die Hubschrauber das Problem, betont Gent, der grundsätzlich für den behutsamen Ausbau der erneuerbaren Energien ist: „Vor allem Wildgänse erschrecken sich offensichtlich vor dem Lärm der Rotoren."

*„Die Natur zu erleben, ohne sie zu stören –*
*dies möchte Onno K. Gent den Besuchern*
*des Nationalparks ermöglichen."*

Die Gefährdung von Wildgänsen und anderen Zugvögeln ist bei seinen Führungen ein wichtiges Thema. Kein Wunder, schließlich kommen jeden Herbst Abertausende Gänse, Pfuhlschnepfen, Alpenstrandläufer, Große Brachvögel und andere Watvögel in die Region, um auf ihrem Weg in die südlichen Winterquartiere zu rasten. Die jährlich Mitte Oktober stattfindenden Zugvogeltage im Nationalpark gewinnen zunehmend an Popularität: „Die sind nicht nur für Ornithologen hochspannend. Wir haben mittlerweile an neun Tagen mehr als 250 Veranstaltungen, die Leute kommen aus ganz Europa zu uns."

Die Natur zu erleben, ohne sie zu stören – dies möchte Onno K. Gent den Besuchern des Nationalparks ermöglichen. Dazu gehört beharrliche Bildungs- und Überzeugungsarbeit, bei Besuchern ebenso wie bei Einheimischen. Natürlich freut er sich über das große Interesse an der Natur, etwa in der Leybucht zwischen Greetsiel und Norddeich, in der jedes Winterhalbjahr viele Tausend Zugvögel rasten. Oder an neuralgischen Punkten wie einem Strandabschnitt bei Norddeich, an dem bei Hochwasser viele Watvögel vom Deich aus nächster Nähe zu beobachten sind.

Onno K. Gent hält die Vogelwelt
im Nationalpark mit seiner Kamera fest.

*Das Wattenmeer ist eine weltweit beispiellose Kombination aus Watt, Dünen, Strand und Salzwiesen. Nirgendwo sonst lässt sich der Wechsel der Gezeiten so gut beobachten. Eine Bestandserfassung der Ostfriesischen Inseln ergab, dass allein dort 1.500 Pflanzen- und mehr als 8.000 Tierarten vorkommen – ein Viertel der deutschen Flora und ein Fünftel der deutschen Fauna. Zum Schutz dieses einzigartigen Lebensraumes wurde 1986 der Nationalpark Niedersächsisches Wattenmeer gegründet. 2009 erfolgte schließlich die Ernennung des deutsch-niederländischen Wattenmeers zum UNESCO Weltnaturerbe. Wattwanderungen, Radtouren oder ein Besuch der Seehundstation im Nationalpark-Haus gehören zu den Highlights im Nationalpark Niedersächsisches Wattenmeer.*

## Das ist meine Gegend

Onno K. Gent fühlt sich in Ostfriesland absolut am richtigen Ort. „Das ist meine Gegend, hier bin ich zu Hause." Er brauche das Meer und fühle sich unwohl, wenn zu viel Land zwischen ihm und der See liege: „Da werde ich unruhig." Dass sich die Schönheit seiner Heimat gerade in der kalten Jahreszeit nicht jedem sofort erschließe, sei ihm bewusst. „Viele möchten hier nicht einmal tot über dem Zaun hängen."

**„Jeden Herbst kommen Abertausende Gänse, Pfuhlschnepfen, Alpenstrandläufer und andere Watvögel in die Region."**

Ruhe und Geduld seien wichtige Charakterzüge, um hinter die verborgenen Geheimnisse der Küstenregion zu kommen: „Man muss auch mal zwei Stunden auf einen bestimmten Vogel warten können und in Kauf nehmen, dass er heute gar nicht kommt." Doch wer sich darauf einlasse, tief in die Landschaft einzutauchen, der werde reich beschenkt. Am Lebensraum Wattenmeer fasziniert ihn besonders, dass er nicht nur schön sei, sondern auch eine weltweit ökologische Bedeutung habe. Das werde mittlerweile auch von ehemaligen Skeptikern akzeptiert, so Gent: „Alle machen mit. Das stimmt mich sehr optimistisch."

LINKS: SCHILF HINTER DEM DEICH
RECHTS: ZUGVÖGEL SIND DIE GROSSE ATTRAKTION IM
NATIONALPARK NIEDERSÄCHSISCHES WATTENMEER

Norddeich Mole

Hamburg
3:30 h

Berlin
5:30 h

Köln
4:30 h

München
8:00 h

### ANREISE

Mit IC-Direktverbindungen aus vielen deutschen Städten kommt man über Emden (Fähre nach Borkum) nach Norddeich Mole. Von dort besteht Fähranschluss nach Norderney und Juist. Von den Bahnhöfen Norden, Esens, Sande, Wilhelmshaven und Cuxhaven verkehren außerdem regelmäßig Busse in die Urlaubsgebiete und zu den Anlegern der Fähren nach Baltrum, Langeoog, Spiekeroog und Wangerooge.

DURCH DAS REGELMÄSSIGE HOCHWASSER WACHSEN ALGEN AUF DEN DEICHSTEINEN.

### MOBIL VOR ORT

Mit dem Urlauberbus sind Gäste auf der gesamten ostfriesischen Halbinsel und im benachbarten Landkreis Ammerland ganzjährig preiswert mobil. Wer eine Kur- oder Gästekarte besitzt, reist für nur 1,- Euro je Fahrtrichtung und Person. Das Angebot gilt täglich ab 9 Uhr, ausgenommen sind der An- und Abreisetag. Viele Inseln sind autofrei. Dort stehen als weitere umweltfreundliche Fortbewegungsmittel Fahrräder zur Miete bereit.

### Weitere Infos

Weitere Informationen zu den Fahrtziel Natur-Gebieten unter
*fahrtziel-natur.de*

**Christine Dethleffsen und der Nationalpark
Schleswig-Holsteinisches Wattenmeer**

Christine Dethleffsen läuft lange Touren, manchmal bis zu 14 Kilometer. Dies mag für manch einen ambitioniert klingen, doch der Eindruck täuscht. Auch eine lange Wanderung mit der Nationalpark-Watt- und Gästeführerin im Schleswig-Holsteinischen Wattenmeer, etwa von Nordstrand zur Hallig Südfall, ist ein großes und erkenntnisreiches Vergnügen jenseits der Anstrengung.

### „Wir Menschen sind nur Gäste in der Natur."

Die 56 Hektar große Hallig Südfall steht seit 1959 unter strengem Naturschutz und darf nur mit einer Sondergenehmigung betreten werden. Hier brüten seltene Vogelarten, darunter der Löffler und der Sandregenpfeifer. Auf ihrer Exkursion weiß Christine Dethleffsen allerhand darüber zu berichten – genauso wie über die Entstehung der Hallig durch die „Große Mandränke" im Jahr 1362 oder über die „Halliggräfin" Diana von Reventlow-Criminil, die das kleine Eiland 1910 kaufte, um dort bis zu ihrem Tod im Jahr 1953 mit ihrem kleinen Hofstaat und Tieren zu leben.

## Ohne Einschränkung

Christine Dethleffsen wurde auf der Halbinsel Nordstrand geboren und ist auch auf Südfall aufgewachsen – „mitten in der Natur". Heute arbeitet sie als angestellte sowie als freischaffende Physiotherapeutin in Nordfriesland, engagiert sich ehrenamtlich als Vogelwärterin auf der Amrumer Odde für den Verein „Jordsand zum Schutz der Seevögel und der Natur", ist Stadtführerin für Husum und Umgebung, übernimmt Reiseleitungen und führt seit vielen Jahren Menschen durch das Wattenmeer im Nationalpark. Und das ohne Einschränkung – sie organisiert ebenfalls spezielle Wattführungen für ältere und behinderte Menschen.

Fünf Wattrollstühle stehen dafür auf Nordstrand bereit. Die Idee dazu hat Christine Dethleffsen gemeinsam mit dem Nationalparkamt in Tönning und der Gemeinde Nordstrand entwickelt. Die Gemeinde kaufte fünf Wattrollstühle und baute ein Holzhaus, in dem auch Platz für Ersatzräder und Luftpumpen ist. Zudem gibt es am Treffpunkt Behindertentoiletten. Vor Nordstrand, an der Badestelle Fuhlehörn, ist das Watt so fest, dass es mit diesen Rollis befahren werden kann. Die hilfreichen, bis zu Hundert Kilogramm belastbaren Gefährte sind vielseitig einsetzbar, erzählt Christine Dethleffsen: „Der Wattrollstuhl ermöglicht das Fahren im knöcheltiefen Watt und am Strand, aber auch das Laufen in flachem Wasser."

SO EIN WATTROLLSTUHL LÄUFT AUCH AUF SAND.

RUHIGE SEE IN DER DÄMMERUNG

Ganz ohne Hilfe geht es natürlich nicht, ein Wattrollstuhl muss von zwei Menschen gezogen werden. Aber daran sei es noch nie gescheitert, freut sich die jugendlich wirkende 60-Jährige, getreu ihrer Maxime „Ich bringe jeden ins Watt". Dafür gab es 2017 vom Nationalparkamt die Auszeichnung als „bestes barrierefreies Natio-nalpark-Partner-Angebot". Matthias Kundy, der Leiter des Bereiches Öffentlichkeitsarbeit in der Nationalparkverwaltung, brachte es in seiner Laudatio auf den Punkt: „Das Wattenmeer ist ein Glücks-wachstumsgebiet und Christine Dethleffsen kennt die besten Wege dorthin."

**Nur Gäste in der Natur**

Christine Dethleffsen ist jeden Tag aufs Neue begeistert von der Natur im und am Wattenmeer, dem Zusammenspiel der Elemente und den Überlebensstrategien der Lebewesen bei Ebbe und Flut. Und natürlich von der endlosen Weite, wenn das Watt in den Himmel übergeht. „Besonders schön sind Abendführungen mit Sonnen-untergang – man hat das Gefühl, auch die Natur gehe zu Bett." Allerdings kennt sie auch die bedrohliche Seite des Wattenmeeres, wenn plötzlich das Wasser kommt. Dann werde eine Tatsache offen-sichtlich: „Wir Menschen sind nur Gäste in der Natur."

Der Nationalpark Schleswig-Holsteinisches Wattenmeer ist mit einer Fläche von rund 4.400 Quadratkilometern der mit Abstand größte Nationalpark in Deutschland. Gut zwei Drittel seiner Fläche stehen permanent unter Wasser, rund 30 Prozent fallen periodisch trocken. Seit 2009 ist das Wattenmeer von der UNESCO als Weltnaturerbe ausgezeichnet. Hier ist die Kinderstube vieler Fischarten, hier nehmen Seehunde ein Sonnenbad auf einer Sandbank. Spektakulär ist der Vogelzug im Frühjahr und Herbst, wenn bis zu 12 Millionen Zugvögel eine Rast einlegen. Nur hier gibt es die Halligen – kleine, oft bewohnte Inseln, die regelmäßig überflutet werden. Keinesfalls versäumen sollten Urlauber einen Besuch des Nationalpark-Zentrums Multimar Wattforum in Tönning auf Eiderstedt.

Die langjährige Wattführerin hat mittlerweile so viel Erfahrung, dass sie für ihre Exkursionen kein vorgegebenes Korsett benötigt. „Anfangs habe ich mir lange überlegt, was ich den Leuten erzählen will. Heute lasse ich mich von dem leiten, was wir sehen und was die Gruppe interessiert." Manchmal probiert sie etwas Neues aus, etwa eine „nonverbale Führung". „Das ist irre, wenn die Teilnehmer nur anfassen, schmecken oder riechen." Und es ist ihr wichtig, die Zusammenhänge und Wechselwirkungen in einem sensiblen Ökosystem wie dem Wattenmeer zu verdeutlichen: „Dafür eignen sich Salzwiesen-Führungen im Grenzbereich von Meer und Land besonders gut."

**„Ich möchte bei meinen Führungen an möglichst viele Menschen die Faszination für das Wattenmeer weitergeben und den Blick für die Natur öffnen."**

„ANFASSEN, SCHMECKEN, RIECHEN."

CHRISTINE DETHLEFFSEN IN „IHREM" WATTENMMEER

## Birdwatching deutsch-dänisch

Sie liebt alles im Wattenmeer, doch die Vögel haben es Christine Dethleffsen besonders angetan – von der Ringelgans bis zum Knutt, vom Alpenstrandläufer bis zur Pfuhlschnepfe. Deshalb hat sie sich auch, im Rahmen eines deutsch-dänischen EU-INTERREG-Projekts zum nachhaltigen Natur- und Kulturtourismus im Nationalpark, von der Nationalparkverwaltung in einer 80-stündigen Fortbildung zum Birdwatching-Guide ausbilden lassen. Und es verwundert nicht, dass sie sich auch hier etwas Besonderes ausgedacht hat: Gemeinsam mit ihrer dänischen Kollegin Marit Beckmann bietet sie zweisprachige Birdwatching-Touren im Grenzgebiet an, aber auch Führungen zu der Hallig Südfall und auf Land.

Offensichtlich liebt Christine Dethleffsen das, was sie macht. Was treibt sie an? „Ich möchte bei meinen Führungen an möglichst viele Menschen – mit oder ohne Handicap – die Faszination für das Wattenmeer weitergeben und den Blick für die Natur öffnen." Es ist ihr wichtig, „offen zu sein und auch die kleinen Dinge nicht zu übersehen, sondern ganz bewusst zu registrieren". Dafür ist die einzigartige Natur im Nationalpark Schleswig-Holsteinisches Wattenmeer genau der richtige Ort.

Nordstrand
45 Min.
Husum

Hamburg
1:50 h

Berlin
4:20 h

Köln
6:15 h

München
8:00 h

### ANREISE

Mit dem DB Fernverkehr geht es über Heide (Holstein), Husum und Niebüll bis Westerland auf Sylt. Direkte Kurswagen fahren nach Dagebüll Mole, von dort besteht Fähranschluss nach Amrum und Föhr. Ab Hamburg-Altona fährt der Regional-Express über Heide, Friedrichstadt, Husum und Bredstedt auf die Insel Sylt. In Heide besteht Zuganschluss nach Büsum sowie in Husum nach Tönning und Bad St. Peter Ording.

GEFLUTET – DIE TREPPE ZUM STRAND
VERSINKT IM MEER.

### MOBIL VOR ORT

Mit dem Schleswig-Holstein-Tarif (SH-Tarif) fahren Urlauber bequem, nachhaltig und preiswert durch das Bundesland. Die Fahrkarte gilt für alle Fahrten mit dem Nahverkehr von Schleswig-Holstein bis nach Hamburg. Auf den Inseln und in den Küstenorten bieten die gut ausgebauten Radwege vielfältige Möglichkeiten, die Region zu erkunden.

### Weitere Infos

Weitere Informationen zu den Fahrtziel Natur-Gebieten unter
*fahrtziel-natur.de*

Roberto Brandt und das
Biosphärenreservat Südost-Rügen

Das Ostseebad Baabe liegt malerisch zwischen Göhren und Sellin auf der Halbinsel Mönchgut und ist sicher einer der schönsten Badeorte im Biosphärenreservat Südost-Rügen. Doch in den Wintermonaten kann es hier grau und ziemlich frisch sein, deshalb ist es nicht verwunderlich, dass Roberto Brandt im Gespräch immer wieder husten muss: „Ich bin wohl in der letzten Zeit etwas verweichlicht", konstatiert er augenzwinkernd.

*„Auch wenn die besten Jahre vorüber sind, für Roberto Brandt ist die Fischerei bis heute ein Traumberuf geblieben."*

### Die Letzten ihrer Art

Schließlich hat er einen Job, der Abhärtung garantiert: Roberto Brandt ist einer der zwei letzten Baaber-Fischer, die auf traditionelle Art in den Gewässern vor Rügens Küste fischen. Traditionell, das heißt mit Reusen, Langleinen und Stellnetzen auf verschiedene Fischarten – Barsch, Meerforelle oder Hornfisch, vor allem auch Hering. Schließlich sind die küstennahen Bereiche des Greifswalder Boddens das größte Laichgebiet der Ostseeheringe.

Besonders Feriengäste erfreuen sich an den dunklen Booten mit den charakteristischen roten Fähnchen am Strand von Baabe. Morgens schauen sie den Fischern dabei zu, wenn diese den frisch gefangenen Hering aus den Netzen holen. Doch was in den Augen vieler Touristen als malerische Folklore erscheint, macht das Leben für Brandt nicht leichter: „Wir haben in Baabe keinen richtigen Hafen und sind daher mit unserer Arbeit extrem vom Wetter abhängig."

## Zum Fischer

Kann man von dieser Art des Fischfangs leben? „Schon lange nicht mehr", sagt Brandt. Die Zahlen sprechen für sich: Gab es 1990 in Baabe noch 15 Berufsfischer, sind heute nur noch Roberto Brandt, sein Sohn Jan und sein Kollege Wolfgang übrig. Und durfte Brandt vor nicht allzu langer Zeit noch 30 Tonnen Hering pro Jahr fangen, sind es 2020 nur vier Tonnen. „Die könnte ich theoretisch innerhalb einer Woche abfischen. Da wir aber Direktvermarktung betreiben, muss ich mir diese vier Tonnen auf das Jahr einteilen."

So war es durchaus weitsichtig, dass der heute 64-Jährige bereits vor einem Vierteljahrhundert neue Wege einschlug – mit einer Garagenfirma der besonderen Art: „1992 haben wir für unser Auto einen neuen Platz gesucht, die Garage umgebaut und dort Räucherfisch angeboten." Das kam so gut an, dass aus der Räucherbude 1995 das Restaurant „Zum Fischer" wurde – offizieller Partnerbetrieb des Biosphärenreservats und bis heute eine der besten Adressen auf Rügen für fangfrischen heimischen Fisch. Dafür sorgen Brandts Familie und Mitarbeiter, die aus dem, was Jan, Wolfgang und Roberto fangen, Klassiker wie Brathering, Ostseeflunder oder Dorschfilet perfekt zubereiten.

## Traumberuf

Fischerei war und ist ein Knochenjob, aber Roberto Brandt wollte nie einen anderen Beruf ergreifen. Kein Wunder, schließlich kann er auf eine über 200-jährige Familientradition zurückblicken. Wann hat er mit der Fischerei begonnen? „Ich muss ungefähr zwölf Jahre alt gewesen sein, als ich im Selliner See Langleinen gesetzt habe."

Später half er in den Schulferien seinem Onkel Hubert, der ebenfalls Fischer war. Wegen der damals noch großen Nachfrage blieb die Suche nach einem Ausbildungsplatz vor Ort vergeblich, deshalb ging

WAS ROBERTO BRANDT FÄNGT, WIRD IM RESTAURANT „ZUM FISCHER" ZUBEREITET.

DREI GENERATIONEN VEREINT: ROBERTO (R.) MIT SEINEM SOHN JAN (M.) UND ENKEL PAUL (L.)

Roberto Brandt zu einem Hochseefischereibetrieb nach Rostock. „Zuerst war ich sauer, doch später ganz zufrieden. Schließlich habe ich so einiges von der Welt gesehen." Brandt erinnert sich an seine erste große Fahrt: „Damals saßen wir drei Wochen im kanadischen Halifax fest, weil der Motor kaputt war." Zu Hause seien schon Wetten abgeschlossen worden, ob der verlorene Sohn nicht den Verlockungen der kapitalistischen Welt erliegen würde. „Doch meine Mutter war sich immer sicher: Der kommt zurück und wird Fischer in Baabe." Und so kam es dann 1976 auch.

Auch wenn die besten Jahre vorüber sind, für Roberto Brandt ist die Fischerei bis heute ein Traumberuf geblieben. „Ich freue mich immer noch, wenn ich mit aufs Wasser kann." Für die Zukunft ist er allerdings nicht optimistisch: „Man kann heute kaum noch junge Menschen für den Beruf begeistern." Von den sieben Lehrlingen, die er ausgebildet hat, seien nur zwei in der Fischerei geblieben. Immerhin wird sein Sohn Jan den Betrieb fortführen und es bleibt die stille Hoffnung, dass sich auch der Enkel für den Beruf des Fischers begeistern könne: „Derzeit will er aber noch Tierpfleger werden."

Land und Meer sind im Biosphärenreservat Südost-Rügen eng miteinander verzahnt. Halbinseln und Küstenvorsprünge werden durch schmale Land-streifen miteinander verbunden, gleichzeitig durch Bodden und kleine Buch-ten voneinander getrennt. Feinsandige Strände wechseln mit Blockstränden unterhalb schroffer Steilküsten. Ausgedehnte Buchenwälder und magere Trockenrasen prägen die Landschaft ebenso wie Wiesen und Weiden. Hier wachsen noch Pflanzen, die woanders bereits verschwunden sind, wie Geflecktes Ferkelkraut und Sumpf-Blutauge. In den Schilfgürteln an den Boddengewässern brüten Wasservögel und insbesondere die Buchten um die Insel Vilm dienen als Rast- und Brutrevier für Zugvögel.

biosphaerenreservat-suedostruegen.de

### Heimatliebe

Roberto Brandt hängt an seiner Heimat und von See aus hat er eine besondere Perspektive auf deren Schönheit. „Im Frühjahr sieht man vom Wasser aus, wie alles grün wird, und im Winter sind die Steilufer manchmal mit Schnee bedeckt." Der 64-Jährige mit der jugendlichen Stimme freut sich darüber, dass in den letzten Jahren immer mehr Menschen die Schönheiten des Biosphärenreservates, der Halbinsel Mönchgut und der Zicker Berge mit ihren seltenen Pflanzen wie Strand-Grasnelke oder Sand-Strohblume entdeckt haben: „Manchmal sind es mir fast schon zu viele." Die kommen natürlich auch wegen des Strandes in Baabe – „sehr breit, keine Steine und kein Hochufer, man hat den ganzen Tag Sonne".

*„Im Frühjahr sieht man vom Wasser aus, wie alles grün wird, und im Winter sind die Steilufer manchmal mit Schnee bedeckt."*

ROBERTO BRANDT IST AM LIEBSTEN DRAUSSEN AUF DEM WASSER.

MORGENGRAUEN IN BAABE

Es gäbe so viel zu unternehmen – Wanderungen, Fahrradtouren oder auch geführte Bootsfahrten „zu unseren Freunden, den Kegelrobben". Roberto Brandt hat hier gemischte Gefühle, denn einerseits freut er sich über die neuen „Mitbewohner" in den Gewässern vor Rügen ... andererseits hört er Berichte darüber, dass seit der Rückkehr der Kegelrobben die Zahl der Fische mancherorts deutlich zurückgegangen sei, mit Sorge. Auch die Kormorane, die aus seiner Sicht vor allem viel Jungfisch fressen, sind mitunter Konkurrenten für die Fischer. Hier hat er auch kein Patentrezept für das Miteinander, aber es ist ihm wichtig, dass bei allem Naturschutz „der Mensch nicht hinten runter fällt".

Ein Leben lang Fischer – isst Roberto Brandt denn überhaupt noch Fisch? „Na klar", lacht er, „viel und gerne." Seine Favoriten sind Steinbutt und Meerforelle, gerne genießt er auch einmal eine Aalsuppe, einen Hecht oder einen Lachs aus der Ostsee. Und in der Heringssaison landen Heringe in allen Variationen auf seinem Teller, „nur frisch gebraten ist nicht so mein Ding". Sein absolutes Lieblingsgericht allerdings ist eine Reminiszenz an die längst vergangenen Zeiten in der Hochseefischerei: „Einmal pro Jahr bestelle ich mir einen Weißen Heilbutt und koche ihn mit Dillsoße – einfach köstlich."

Bergen    Baabe
          45 Min.

Hamburg
3:30 h

Berlin
3:30 h

Köln
8:00 h

München
8:30 h

### ANREISE

Reisende erreichen Bergen auf Rügen und das Ostseebad Binz in der Sommersaison mit einem direkten ICE von München, Nürnberg, Leipzig oder Berlin. Vor allem am Wochenende fahren IC-Züge direkt auf die Insel Rügen, zum Beispiel von Hamburg, Köln und Stuttgart. Regionalzüge fahren stündlich von Stralsund nach Bergen auf Rügen, Binz und Sassnitz. Von Bergen aus erreicht man Lauterbach mit dem Bus in einer halben Stunde, mit der Schmalspurbahn „Rasender Roland", eine Attraktion für die Liebhaber historischer Züge, von Binz aus in rund 45 Minuten.

HEUBALLEN SO WEIT DAS AUGE REICHT

### MOBIL VOR ORT

Mit der Kurkarte nutzen Übernachtungsgäste während ihres Urlaubs den öffentlichen Personennahverkehr in den drei Ostseebädern Sellin, Baabe und Göhren kostenfrei – inklusive Ermäßigungen bei verschiedenen kulturellen und touristischen Angeboten.

### Weitere Infos

Weitere Informationen zu den Fahrtziel Natur-Gebieten unter

*fahrtziel-natur.de*

SONNENUNTERGANG ÜBER DER OSTSEE

# 22

## Markante Klippen und ein verwunschener Garten

**Hans Dieter Knapp und der Nationalpark Jasmund**

Willkommen in Putbus, der kleinen Stadt auf Rügen mit leuchtend weißen Häusern und einem klassizistischen Stadtkern. In Kasnevitz, einem kleinen Ortsteil im Westen von Putbus, lebt Prof. Dr. Hans Dieter Knapp in einem alten Pastorenhaus, das er saniert und vor dem Verfall gerettet hat. Das Haus ist ein echter Blickfang und das gilt noch viel mehr für den Garten: „Ein Paradies für meine Enkel", sagt Knapp. Und nicht nur für die. Wenn Gartenbesitzer und vor allem Landwirte sich ein Beispiel an den hier waltenden Prinzipien nehmen würden, müsste man sich über das Insektensterben keine Gedanken machen.

## Einer der schönsten Wanderwege Deutschlands

Hans Dieter Knapp, den die meisten nur Hannes nennen, könnte vermutlich zu jedem Naturschutzgebiet in Deutschland kenntnisreich und mitreißend erzählen. Besonders natürlich zum Nationalpark Jasmund, einem von zwei Fahrtziel Natur-Gebieten auf Rügen. Die bekannteste Attraktion in Deutschlands kleinstem Nationalpark ist sicher der Hochuferweg, der zwischen Sassnitz und Lohme entlang der berühmten Kreidefelsen verläuft. Knapp ist diese Strecke schon unzählige Male gewandert, doch er gerät immer noch ins Schwärmen: „Ohne Zweifel ist der Hochuferweg einer der schönsten Wanderwege Deutschlands."

*„Nur wenige Schritte vom Ufer entfernt,*
*wähnt man sich im Gebirge,*
*so vielfältig sind hier die*
*natürlichen Erscheinungsformen."*

Nicht nur schön, sondern auch spektakulär angesichts der überwältigenden Ein- und Ausblicke, die dem Wanderer hier geboten werden. Ob an der „Ernst-Moritz-Arndt-Sicht", wo nach gewaltigen Uferabbrüchen in den Jahren 1958 und 1981 die bis zu 60 Meter hohen Kreidewände markant aus dem Kliff heraustreten. Oder an den „Wissower Klinken", einem besonders bizarren Küstenabschnitt. Und das alles vor der Kulisse der alten Buchenwälder, die seit 2011 zum UNESCO-Weltnaturerbe zählen und die für eine beinahe sakrale Atmosphäre sorgen.

MARKANTE RINDENSTRUKTUR (O.), BERG-HEILWURZ (M.)
UND MAJESTÄTISCHE BUCHEN (U.)

## Urlandschaft

„Wir laufen hier durch eine der wenigen Urlandschaften Deutschlands, die fernab von menschlichem Einfluss alleine durch die natürlichen Bedingungen geprägt wird", erzählt Hannes Knapp. Detailliert in deren Geheimnisse eingeführt, werden Jasmund-Besucher in der Ausstellung des offiziellen Nationalpark-Zentrums KÖNIGSSTUHL, direkt am Hochuferweg neben dem gleichnamigen Felsen gelegen. Von der Meter hohen und 200 Quadratmeter großen Aussichtsplattform, zu der man über ein Hügelgrab aus der Bronzezeit gelangt, hat man einen herrlichen Blick auf die Ostsee.

Angesichts der üppigen Naturschönheiten ist es kein Wunder, dass es immer mehr Menschen in den Nationalpark Jasmund zieht. Knapp kennt die daraus resultierenden Probleme: „Der Hochuferweg ist an einigen Stellen arg strapaziert." Auch wundert er sich über den Leichtsinn vieler Wanderer, die trotz regelmäßiger Abbrüche der Kreidefelsen gefährlich nahe an die Uferkanten herantreten. Dabei gäbe es auch im Wegenetz abseits der steilen Klippen einiges zu sehen, betont der hochgewachsene Mann mit dem weißen Haarschopf: „Nur wenige Schritte vom Ufer entfernt, wähnt man sich im Gebirge, so vielfältig sind hier die natürlichen Erscheinungsformen."

## Hartnäckig und erfolgreich

Hannes Knapp ist ein ausgesprochen umgänglicher Mann, aber man spürt jederzeit die Hartnäckigkeit, mit der er die Sache des Naturschutzes vertritt. Diese Konsequenz hat dem Biologen und Geobotaniker in der ehemaligen DDR immer wieder Probleme bereitet, etwa als er sich dem Reservedienst in der Volksarmee und später, als Kustos am Müritz-Museum in Waren, den Übungen zur Zivilverteidigung verweigerte.

Nach Jahren der freiberuflichen Tätigkeit schlug dann 1990 seine große Stunde, als er vom stellvertretenden Umweltminister und späteren Träger des Alternativen Nobelpreises Prof. Dr. Michael Succow nach Berlin gerufen wurde. Gemeinsam mit dem Biologen Lebrecht Jeschke und weiteren Mitstreitern entwickelte er das Nationalparkprogramm, das am 12. September 1990 auf der letzten Sitzung der Regierung de Maizière beschlossen wurde und mit dem rund sieben Prozent der DDR-Fläche rechtsgültig unter strengen Schutz gestellt wurden. Unter anderem die Insel Vilm, auf der Knapp von 1992 bis 2015 die Internationale Naturschutzakademie des Bundesamtes für Naturschutz leitete.

BIS AN DEN RAND DER KLIPPEN WACHSEN DIE
BUCHENWÄLDER — SIE SCHEINEN INS MEER ZU STÜRZEN.

Der Nationalpark Jasmund auf der Insel Rügen ist der kleinste deutsche Nationalpark und zählt seit Juni 2011 zum UNESCO-Weltnaturerbe „Alte Buchenwälder". Der größte zusammenhängende Buchenwald an der Ostseeküste bietet mit mehr als Hundert Mooren, klaren Quellen und murmelnden Bächen eine reiche Vielfalt an Lebensräumen. Seltene Tierarten wie Seeadler, Glattnatter und Rotbauchunke haben sich ebenso an die besonderen Lebensbedingungen der Kreide-Steilküste angepasst wie außergewöhnliche Orchideenarten. Bekannt ist das Schutzgebiet vor allem für seine weißen, hoch aufragenden Kreidefelsen am Meer. Am Königsstuhl, der bekanntesten Felsformation, strecken sie sich bis auf 118 Meter in die Höhe.

In der Begründung hieß es: „Die endgültige Unterschutzstellung der 14 Gebiete stellt einen fortwirkenden Beitrag zum Naturschutz des geeinten Deutschlands sowie zur Sicherung des Naturerbes in Europa dar." Ein grandioser Erfolg für den Naturschutz und ein politischer Coup, der beinahe an einem Zufall gescheitert wäre: Wegen eines Streiks der Berliner Müllmänner wurde der Umweltminister aus der Sitzung gerufen und kam gerade noch rechtzeitig zurück, um die Vorlage auf den Tisch zu bringen.

## Im Unruhestand

Hannes Knapp hat gemeinsam mit zahlreichen Mitstreitern viel für den Naturschutz bewegt. Gibt es für einen Menschen wie ihn so etwas wie Ruhestand – was macht er heute? Knapp lacht, bevor er mit der – unvollständigen – Aufzählung beginnt: „Ich bin Honorarprofessor in Greifswald, beteilige mich allerdings nur noch sporadisch an Ringvorlesungen. Ein Buch über den Nationalpark Jasmund ist gerade fertig geworden, ein anderes über die europäischen Buchenwälder, das aus der Arbeit an den Nominierungen zum Weltnaturerbe hervorgegangen ist, habe ich gerade begonnen. Und mit der Michael Succow Stiftung, deren stellvertretender Vorsitzender ich bin, wollen wir noch viele internationale Naturschutzprojekte realisieren."

MAJESTÄTISCHE ALTE BUCHEN

EIN GEFALLENER BAUM BIETET NEUEN
LEBENSRAUM FÜR PFLANZEN UND TIERE.

Doch Rügen ist seine Heimat. Auch hier engagiert sich Knapp, unter anderem als Vorsitzender des Heimatvereins INSULA RUGIA e. V. Gibt es eine Jahreszeit, in der er den Besuch des Jasmund besonders empfiehlt? „Der Nationalpark ist immer faszinierend – nicht nur im Frühjahr, wenn das frische Grün sprießt und die weißen Felsen wie frisch gewaschen aussehen. Auch der Oktober bietet zur Zeit der Laubfärbung unglaubliche Eindrücke. Oder der Winter mit seinen Stürmen und dem frischen Schnee, der die Schritte dämpft."

### „Ohne Zweifel ist der Hochuferweg einer der schönsten Wanderwege Deutschlands."

Zum Abschluss des Gesprächs erinnert sich Hannes Knapp noch an sein besonderes Erlebnis mit Jasmund. Als er nach 40 Jahren eingeschränkter Bewegungsfreiheit die Kreideküste erstmals von See aus betrachten durfte, war er überwältigt: „Ich habe vor Freude geweint."

Sassnitz
25 Min.

Bergen

Hamburg
3:30 h

Berlin
3:30 h

Köln
8:00 h

München
8:30 h

### ANREISE

Bergen auf Rügen und das Ostseebad Binz sind in der Sommersaison mit einem direkten ICE von München, Nürnberg, Leipzig oder Berlin und insbesondere am Wochenende direkt mit IC-Zügen, zum Beispiel von Hamburg, Köln und Stuttgart zu erreichen. Regionalzüge fahren stündlich von Stralsund nach Bergen auf Rügen, Binz und Sassnitz. Von Sassnitz aus erreicht man Lohme mit dem Bus in 20 Minuten.

BLICK AUF DEN JASMUNDER BODDEN

### MOBIL VOR ORT

Das KönigsstuhlTicket ermöglicht am Lösungstag die unbegrenzte Nutzung der Busse des Personennahverkehrs auf Rügen und in Stralsund sowie freien Eintritt in das Nationalpark-Zentrum KÖNIGSSTUHL.

### Weitere Infos

Weitere Informationen zu den Fahrtziel Natur-Gebieten unter *fahrtziel-natur.de*

DER BEKANNTESTE KREIDEFELSEN
AUF RÜGEN: DER KÖNIGSSTUHL

## Bund für Umwelt und Naturschutz Deutschland

Der BUND hat über 620.000 Mitglieder und UnterstützerInnen. Seit 45 Jahren setzt er sich erfolgreich ein für mehr Klimaschutz, für die Bewahrung der biologischen Vielfalt, für mehr Nachhaltigkeit in allen Bereichen, für eine bäuerlich-ökologische Landwirtschaft, für den Schutz unserer Wälder und Flüsse und für mehr Verbraucherrechte. Der BUND engagiert sich für faire Handelsbeziehungen und mehr Unternehmensverantwortung. Er denkt über den Tag und den deutschen Tellerrand hinaus. Mit 16 Landesverbänden und rund 2.000 Orts- und Kreisgruppen ist der BUND in ganz Deutschland aktiv und erreichbar. Außerdem vertritt er als deutsches Mitglied von „Friends of the Earth" hierzulande das weltweit größte Netzwerk unabhängiger Umweltverbände.
*www.bund.net*

## NABU

Der NABU engagiert sich seit 1899 für Mensch und Natur. Mit mehr als 770.000 Mitgliedern und Fördernden ist er der mitgliederstärkste Umweltverband in Deutschland. Rund 40.000 ehrenamtlich Aktive engagieren sich in fast 2.000 Gruppen täglich für den Natur- und Umweltschutz.
Zu den wichtigsten Aufgaben des NABU zählen der Erhalt der Lebensraum- und Artenvielfalt, die Nachhaltigkeit der Land-, Wald- und Wasserwirtschaft und nicht zuletzt der Klimaschutz. Ebenso die Vermittlung von Naturerlebnissen und die Förderung naturkundlicher Kenntnisse. Auch international setzt sich der NABU für den Schutz bedrohter Arten und ihrer Lebensräume ein, er ist dazu in mehr als 20 Ländern vor Ort aktiv.
*www.nabu.de*

## Deutsche Bahn

Die Deutsche Bahn mit 205.000 Mitarbeiterinnen und Mitarbeitern allein in Deutschland will treibende Kraft sein auf dem Weg zu einer positiven Zukunft und ihren Beitrag zur Gesundung von Klima und Umwelt, der Mobilität der Menschen, dem Wachstum der Wirtschaft und den Zusammenhalt Europas leisten. Als Unternehmen sehen wir uns ganz klar in der Verantwortung hier voranzugehen.

Ohne eine massive Verkehrsverlagerung auf die starke Schiene sind die Klimaziele nicht zu erreichen. Denn kein Verkehrsmittel ist so klimafreundlich, keines ist so eletromobil. 90 Prozent der Verkehrs-leistung werden heute bei der DB elektrisch erbracht – im Personen-verkehr und im Güterverkehr. Die Kunden im Fernverkehr fahren schon jetzt komplett mit 100 Prozent Ökostrom.

*www.bahn.de und www.deutschebahn.com*

## VCD

Der VCD ist ein gemeinnütziger Umweltverband. Im Mittelpunkt steht für ihn der Mensch mit seinen unterschiedlichen Mobilitäts-bedürfnissen. Er setzt sich für eine klima- und umweltverträgliche, sichere und gesunde Mobilität ein. Dazu macht er Druck auf die Politik, damit endlich die richtigen Rahmenbedingungen gesetzt werden, bringt das Thema nachhaltige Mobilität auf die Agenda und nimmt die Verkehrswende mit Aktionen und Kampagnen selbst in die Hand.

Seit 1986 kämpft der VCD für ein gerechtes und zukunftsfähiges Miteinander auf der Straße – egal ob zu Fuß, auf dem Rad, mit Bus und Bahn oder mit dem Auto. Dafür arbeitet er vor Ort mit zwölf Landesverbänden und rund 160 lokalen Gruppen, bundesweit und europaweit vernetzt. Über 55.000 Menschen unterstützen den VCD dabei.

*www.vcd.org*

**Autor**

Bernd Pieper studierte Medien-, Literatur-wissenschaft und Politik. Der ausgebildete Buchhändler und Journalist arbeitete zehn Jahre lang als Kommunikationsleiter für den NABU, Naturschutzbund Deutschland e. V. Heute ist er Geschäftsführer Kommunikation beim Deutschen Tierschutzbund. Er gilt als ausgewiesener Experte für das Thema nachhaltiges Reisen.

**Fotograf**

Paul Meixner arbeitete als Dozent für Fotografie an der Rheinischen Friedrich-Wilhelms-Universität in Bonn. Bei seinen Arbeiten als Porträt-, Landschafts- und Eventfotograf unterstreicht er seine Fähigkeit, Mensch und Natur perfekt in Szene zu setzen. Seine zweite Leidenschaft gilt dem Wandern und Radfahren.